JN112620

英語のフレームで
考えるということ

なぜ

日本人は

upset を

必ず誤訳

するのか

北九州市立大学准教授
アン・クレシーニ

アルク

はじめに

　私が好きな日本語に「木漏れ日」がある。これはよく、「英語に訳せない日本語のトップ10」に入っている。でも、本当に訳せないのかな？たしかにそれに当たる英単語はない。だけど sunlight filtering through the trees と言えば「木漏れ日」のことだ。

　私は以前、「英語にできない日本語」「日本語にできない英語」があると考えていた。文字だけの問題ではなく、その国や独自の文化や歴史、制度があったら、「訳せんのは仕方ない！」と長い間思っていた。けれど「訳す」っていったいどういうことなんやろう？とある日思った。確かに、ぴったり当てはまる単語はない時が多い。でも、訳せないトップ10に入っている「木漏れ日」を英語でも言えるよう、単語を連ねて説明すれば伝わらない単語は一つもないことに気付いた。

　私にとって大切な、別の日本語に「いただきます」がある。私は25年間、摂食障害と戦ってきた。これを言うと驚かれるが、カウンセリングや食生活の改善ではなく、「いただきます」の本当の意味を知ることで克服した。「いただきます」は、「命をいただきます」から来ているということを教えてもらって、食への意識ががらりと変わったのだ。だから、「いただきます」は Let's eat! と訳すより、仏教と神道から来た言葉であることを丁寧に説明したほうがいいと、強く思っている。

　置き換えが難しいということ以外のもう一つの問題は、単語は文脈によって意味が変わるということだ。ある英単語を辞書で調べたら、25個の違う意味が出てきたりして、「どれかい？？」と叫びたくなることがあるよね。私も日本語を学ぶ、同じ学習者として、その絶望的な気持ちはよく分かる！　この本のタイトルにある upset もそうだ。読んでもらったら分かるけど、upset はぴったっと当てはまる日本語が見つけづらい。判断もつきづらい。外国語ってなんて難しいの！って思うやろ？　でもその難しさを楽しみたいし、失敗を愛でたい。この本を通して、外国語を学ぶハードルを一緒に乗り越えられたら、それは何より嬉しいことだ。

　この本にあるエッセーは、一人の力で書けたわけじゃない。文章を添削してくれたり、ネタを探してくれたりしたアシスタントの村上絵梨奈さんには感謝しかない。私にとって欠かせない存在だ。さらに、私の友人の妙盛さんにも感謝したい。彼女の困難に立ち向かう勇気や生きることを楽しむ姿勢は、いつも私に大切な気付きを与えてくれる。そして、この本の元となったENGLISH JOURNAL ONLINE (https://ej.alc.co.jp/)の連載を担当してくれた、アルクの元編集者の末次志帆さんにお礼を言いたい。彼女は6年前に、私のふざけた博多弁ブログを見つけて、無名の私の可能性を信じてくれた。

　そして6年間、連載を書く機会を与えてくれているアルクと、連載を読んでくれている皆さん、さらにこの本で私のことを初めて知ったという皆さんにも感謝の気持ちでいっぱいだ。毎日私を支えてくれている方に感謝しながら、英語と日本語に興味がある人たちに向けて、面白くて役立つ文章をずっと書いていきたい。

2023年9月　アン・クレシーニ

Contents

はじめに —— 2

┌─────────────┬──────────────────────────┐
Chapter
1

これだけで会話力アップ
ネイティブ感覚で使いこなす
基本動詞

1 **mean**　わざとじゃなかったのに —— 10

2 **run**　使いこなすのに2年かかる?! —— 16

3 **loveとlike**　ネイティブっぽさが一段と増します —— 22

4 **killとdie**　絶対死なないのになぜ? —— 28

5 **getとgive**　「もらう」と「あげる」にとまどう —— 34

6 **pick**　ピックアップとpick upはどう違う? —— 43

7 **shoot**　使う場面はスポーツだけじゃない —— 49

8 **play**　大人は「遊ぶ」とは訳しません —— 56

9 **growとraise**　「育つ」と「育てる」のビミョーな差 —— 63

Column
アメリカ人はどんな時に"America"と言うのか —— 70

Chapter 2	意味の幅が広すぎて要注意な 訳しにくい英語

10 **take ~ for granted**
感謝の気持ちが足りない！── 76

11 **upset**　日本人はなぜ誤訳してしまうのか ── 82

12 **stuff**　「ヤツ」とか「アレ」とか「ソレ」とか ── 89

13 **deserve**　それは自業自得でしょっ ── 95

14 **thrive**　褒められて伸びるタイプなんです ── 101

15 **worth**　ありのままのあなたでいてね ── 107

16 **compromise**　慌てて使うとケガする一言 ── 113

Column
家族について語るときの英語と日本語の違い ── 119

Chapter 3	相手に誤解されないために 知っておきたい 英文法

17 **had better**　これは使うとヤバいやつ！── 124

18 **What are you studying?**
毎年学生を悩ませるこの質問 ── 130

19 I got my hair done. 髪を切ったのは誰? ── 136

20 drink, drank, drunk 飲み用語に強くなる ── 141

21 Me, too. 反射神経で使いこなせ! ── 148

Column
オニオンブレッドは玉ねぎパンより美味しそうだ ── 153

Chapter **4** | 頭を柔らかくして考えたい
英語に
訳しにくい日本語

22 さすが! 「英訳お手上げトップ3」の一つです ── 158

23 田舎 「カントリー・ロード」の魔法にかかる ── 162

24 アイドル アイドルがidolを凌駕する? ── 168

25 アイデンティティー 分かりづらいのは理由があって ── 174

26 迷惑 日本人の心を知る大事な言葉 ── 180

27 縁 「私は無宗教」って言うけれど ── 185

28 思いやり あまりに日本的な日本語 ── 191

29 メリハリ 「カタカナ=外来語」ではない? ── 197

30 頑張る 「頑張れ」「頑張って」「頑張ろう」の違い ── 201

31 はかない 日本的な世界観をどう英訳するか ── 207

Column
英語がバリうまい日本人が使うカタカナ語 ── 213

Chapter 5	今すぐ使ってみたくなる クールで便利な SNS英語

32 troll 遭遇しがちな困った状況 —— 218

33 check out SNSでのコメントの仕方を学ぶ —— 222

34 bestie あなたは私の「bestieでBFF」! —— 227

35 viral 流行り言葉を押さえておこう —— 232

36 K そこまで略してどうするの? —— 237

Column
日本にはないアメリカ人の夜の過ごし方 —— 243

あとがき —— 247

※本書はWebメディアENGLISH JOURNAL ONLINE (https://ej.alc. co.jp)の連載の一部を改編し、新たな内容を加えて書籍化したものです。同著者の「アルク ソクデジBOOKS」(電子書籍)の内容を一部含みます。

これだけで会話力アップ
ネイティブ感覚で
使いこなす
基本動詞

日常会話で大切なのは、守備範囲が広い
基本動詞と仲良くなって、使いこなすこと。
これ、上級者でも意外とできていないんです。
この章では、中学校で習う基本的な単語なのに、
日本人がつまずきがちなものに絞り、動詞以外の
品詞での使い方も含めて解説します。

1 | mean

- わざとじゃなかったのに -

　うちには3人の娘がいる。年齢が近いので、小さかった頃はけんかの絶えない毎日だった。そんなけんかの場面でmeanがしょっちゅう出てきた。

　次女：She hit me!（お姉ちゃんがたたいた！）

　私：You did that on purpose, didn't you?（あなたがわざとあんなことしたからでしょう？）

　長女：Mommy! Tell her to say sorry!（お母さん！妹に謝るように言ってよ！）

　次女：I don't want to.（謝りたくない）She's being **mean** to me!（お姉ちゃんが○○だ！）

　このmeanは、どう日本語に訳したらいいの？といろいろな人に尋ねたが、いい訳はなかなか見つからなかった。すると友人の一人が「イケズ」がいいんじゃない？だって。私は当時、関西弁を知らんかったんやけど、確かに「イケズ」は、being meanの意味にとても近いのだ。

　meanは、会話の中で頻繁に出てくるが、この簡単そうに見える単語を使いこなしている日本人に、私はあまり会ったことがない。そこで今回は、meanの使い方を詳しく解説したい。読み終わった頃には、皆さんはmeanの専門家になっているはずです！

○ 本気の「意地悪」と冗談の「いじわるぅ」

　冒頭で紹介したShe's being mean to me! のmeanは、形容詞で「ひどい」「意地悪」「不親切」「冷たい」を意味する。故意に誰かに

嫌な思いをさせようとしたり、誰かを傷付けようとしたり、という場面でとてもよく使うので、例文をいくつか見てみよう。

- My teacher is so **mean**. He gives us hours and hours of homework every night. （私の先生は本当にひどい。毎晩、何時間もかかる宿題を出すんだから）
- Why are you being so **mean** to me? （なんでそんな意地悪なことするの？）

最上級はmeanestになる。使ったことあるかな？

- He's the **meanest** person I have ever met. （今まで会った人の中で、彼は間違いなく一番いやな人間だ）

ちょっと脱線するけど、似た意味だけど少し軽い感じで使える句動詞にpick on ～がある。「～をいじる」とか「～をからかう」という感じ。他にteaseという動詞もあるので、紹介しよう。

- Stop **picking on** your brother! （弟をからかうのはやめなさい！）
- I am always getting **teased** at school. （私はいつも学校でいじられている）

「いじめる」のbullyと「いじる」の境線はあいまいだけど、基本的にpicking on ～やteaseは、bullying ～、being mean to ～より少し軽い感じだ。

ところで、meanは本気のときもあれば、少し冗談っぽく言うときもある。例えば、娘にこんなことを言うこともある。

　　私：You can't use your phone until you wash the dishes. （皿洗いをするまで、スマホを使っちゃダメよ！）

すると娘は、ちょっとすねた感じで

　　娘：You're so **mean**! （ママのいじわるぅ！）

これは、ママのことをそれほどひどいとは思っていない（思って

いるのかな？）けど、皿洗いをやりたくなくて冗談めかして言っている場面だ。つまり、mean を使うときは、前後の流れやその場の雰囲気を把握することがすごく大事。

「mean な人」を表す言葉に meanie がある。大抵は冗談っぽく使われる。
- You are making me do my homework and help with chores? You are such a **meanie**!（宿題をやるだけじゃなくて、家事も手伝わないといけないの？　ひどい！）
- Don't be such a **meanie**!（そんな意地悪しないで！）

形容詞で mean-spirited という語もある。〜-spirited は直訳すると「〜の精神（気持ち）を持つ」で、mean-spirited は「意地悪な」「卑劣な」という意味だ。
- Wow. That was a **mean-spirited** comment!（うわ。あれはとても意地悪な発言だったよ！）
- He is a really **mean-spirited** person.（彼は、マジでひどい人だ）

○　そんなつもりじゃなかった

次の mean は動詞としての使い方だけど、説明が難しいので、まずは例文を見てみよう。
- I didn't **mean** to hurt your feelings. I'm sorry.（あなたの気持ちを傷付けるつもりじゃなかった。ごめんなさい）
- Oops. I didn't **mean** to do that.（おっと。わざとじゃなかったんだ）
- I'm sorry, I didn't **mean** to call you. It was an accident.（ごめん、あなたに電話するつもりはなかった。

間違ってかかっちゃった）

○ 「どういう意味？」の意味するところ

meanの意味で、日本人が最もよく知っているのが「〜を意味する」という動詞だ。とはいっても、正しく使えていない人も多い。よく聞くのは "What's mean?" という疑問文。言いたいことは「それはどういう意味ですか」だと思うんやけど、これは英語としてはアウトだ。正しくはこうなる。

- What does <u>that/this/it</u> **mean**?
- What do you **mean**?

誰かがとげのあるような発言をして、その発言が気に入らないときはWhat does that mean?と言ったりする。

　　妻：Don't worry about it. I will just do the laundry and the cooking like I always do!（気にしないで。私が洗濯物と料理をするわ、いつもみたいにね！）

　　夫：What does THAT **mean**? Are you trying to say I never help out?（どういう意味？　僕がいつも家事を手伝わないってこと？）

同じ英文でも、声の調子で伝わる意味はだいぶ変わってくる。英語の語彙や文法が完璧になっても、学びには終わりがないね。

○ 影響がある場合の「どうなるの？」

meanにはこんな使い方もある。

　　A: I broke my leg playing basketball yesterday.（昨日、バスケで足を骨折した）

　　B: What does that **mean** for your plans to go to

camp this summer? （夏休みのキャンプの計画はどうなるの？[行ける？]）

A: I'm not sure. It's all up in the air. （どうかな。見当もつかないよ）

母：Dad got transferred to Tokyo. （お父さんが東京に転勤するの）

娘：What does that **mean** for my college plans? （私の大学はどうなるの？）

母：You can go to college here and live in the dorms. （ここに残って、寮に住んでもいいじゃない）

〇 名詞の**ｍｅａｎ**はこう使う

meanを名詞で使うときは、meaningになる。

- What's the **meaning** of this word? （この単語の意味は何？）
- I don't understand the **meaning** of this paragraph. （この段落の意味が分からない）

深い意味の使い方もあるからね。

- I am searching for **meaning** in my life. （人生の意味を探している）
- What is the **meaning** of life? （生きることの意味ってなんなの？）

〇 つなぎ言葉の**ｍｅａｎ**を知ろう

つなぎ言葉として使われるmeanは使いこなすのが一番難しい。

- No, **what I mean is**, it's too hot to go jogging right now. （いや、私が言いたいのは、今、外でジョギングするのは暑すぎるってこと）
- **Do you mean** that you don't wanna do it? （つまり、あなたはやりたくないってこと？）
- **I mean**, I really wanna go but I'm totally exhausted. （だから、めっちゃ行きたいけど、ヘトヘトなんだ）

what I mean is, は、what I'm trying to say is, で言い換えられる。1番目の例文はこうなる。

- No, **what I'm trying to say is**, it's too hot to go jogging right now.

◯ 「本気」の mean it

最後に、mean it について話そう。では例文をどうぞ。
- Do you really **mean it**? （本当にそう思うの？）
- Do your homework now, or I'm taking your phone. I **mean it**. （今すぐ宿題をやりなさい、じゃないとスマホを没収するよ。冗談じゃないから）

私は、言葉が大好きで、いつも単語遊びをしている。さまざまな意味の mean が入った文を作ってみたよ。
- I **mean**, do you **mean** that you didn't **mean** to be **mean**? （つまり、わざと意地悪したわけじゃないってこと？）

mean が少しずつでも使いこなせるようになれたらいいよね。I mean, let's enjoy this journey called language learning! I mean it! （つまり、この言語の学びという旅を楽しもう！　マジで！）。

2 | run

-使いこなすのに2年かかる?!-

○ 「ランニングマシン」はすごい和製英語

　私は、長年和製英語を研究している。和製英語に興味を持ち始めた頃、多くの外国人と、それから日本人の英語学習者と同じように、私も和製英語をばかにしていた。でも、ある頃から、和製英語は変な英語ではなくて、魅力的な日本語だ！と思うようになった。日本人は英語の土台がしっかりしているからこそ、多くの和製英語が誕生していると気付いたからだ。

　私の一番のお気に入りは「ランニングマシン」だ（このすてきな和製英語を考えた人にいつか会ってみたい！）。どんな日本人でも「ランニング」と「マシン」という英語を知っているからこそ、この言葉が誕生したんだよね。だって正しいtreadmillという英語は、その物と英単語を一対一で結び付けて覚えないといけないけど、ランニングマシンであればrunとmachineを知っていれば「ああ、走る機械のことだ！」とすぐに分かるから。

　runは中学校で学ぶけど、意外と知られていない意味が山ほどある。今回は、そんなrunを使った表現をいろいろ見てみよう！

○ ちょっと行って来るね！

この意味では、日常会話にとてもたくさん出てくる。

• Can you **run** to the store and pick up some milk?
（ちょっとお店に行って牛乳を買って来てくれる？）

- I'm going to **run** out for a few minutes, OK? （ちょっと出掛けるけど、構わない？）

run to the store は特に頻繁に使う印象がある。この記事を書いている間にも夫に Hey, can you run to the store and get some toilet paper? と頼んだんだよね（笑）。これ、超切実！　でも、店まで走るのではなく、「ちょっと行ってくる」というニュアンスだ。

○ 運営する、経営する

run はビジネス用語としても使われる。
- **Running** a business is a lot of work. （ビジネスを運営するのは本当に大変だ）
- I have to keep this store **running**. （店を経営し続けないといけない）

○ △△の家系だ、（病気が）遺伝だ

家族にある特定の病気や症状が多い場合、「がんの家系だ」とか「近視は遺伝だ」と言う。英語では run in <u>the/my</u> family となる。
- Cancer **runs in** my family. （うちはがんの家系だ）
- Bad eyesight **runs in** my family. （目が悪いのは遺伝だ）
- Good looks **run in** my family! （うちはみんな、顔が整っている！）

いやこれマジで、そういう家系なの！（笑）

○ 走る、運行する、動いている

run には次のような使い方もある。

- The trains aren't **running** today because of the earthquake yesterday. （昨日の地震により、鉄道は本日、運行を見合わせている）
- My car **runs** like a dream! （私の車の乗り心地はめっちゃいい！＝走りがスムーズだ）
- The trains to Hakata **run** every 10 minutes. （博多行きの列車は10分おきに運行している）

⭕ 流れる

河川について話すときも run を使う。
- The Onga River **runs through** the Chikuho region of Fukuoka prefecture. （遠賀川は福岡県の筑豊地域を流れる）
- The Mississippi River **runs through** the Central United States. （ミシシッピ川はアメリカ中央部を流れる）

川のように流れる鼻水！にも run を使うのだ。
- My nose is **running**. （鼻水が止まらない）
- I have a **runny** nose. （鼻水が出る）

下痢のときにも runs が使える（食事中の方、ごめんなさい！）。
- I've had the **runs** since I ate at that sushi restaurant last night. （昨晩、あのすし屋で食べてから、下痢をしている）
- Drinking coffee gives me the **runs**. （私はコーヒーを飲むと下痢になる）

この runs は話し言葉だ。もう少しきちんと言いたいときには have diarrhea となる。

〇 請求額がかさむ

　日本に来て新車を現金で買う人が少なからずいることに驚いた。私は現金で新車を買うアメリカ人に会ったことがない。日本人は貯金が得意なイメージがあるよね。一方、アメリカ人は借金が得意だと、よく言われる（笑）。だからこの run up の用法をアメリカでよく見かけるのかな。

- I **ran up** a huge phone bill when I was in college.（大学時代、電話料金がめっちゃかさんでいた）
- I divorced my husband because he **ran up** a $20,000 credit card bill.（夫のカード請求額が2万ドルに膨らんだので、私は離婚した）

〇 ガス欠になる、力尽きる

次の文は、私もよく使う。

- My car is **running on fumes**. I need to find a gas station right away!（ガソリンがもうない。すぐガソリンスタンドを見つけないと！）

run on fumes とは、ガソリンの液体がなくなって、もはやその「煙」でもって走っている、という意味。人にも使うことがあるよ。

- I am **running on fumes** these days. I am so exhausted.（最近、ガス欠気味だ。めっちゃ疲れている）

run on fumes がさらに深刻になると、run out of gas になる。

- I **ran out of gas** on my way to work, so I had to call JAF to help me out.（仕事に向かう途中でガス欠になり、JAF［日本自動車連盟］に連絡して助けてもらわないといけな

かった）
- The pitcher **ran out of gas** in the eighth inning.（そのピッチャーは8回で力尽きた）

〇 名詞の run を使いこなそう！

run は名詞としても使える。
- I'm going to **go for a run** after work.（仕事の後、走りに行く）
- Right before I went up onstage to give a speech, I **got a run** in my pantyhose!（スピーチで壇上に上がる直前に、ストッキングが伝線した！）

日本語でも「ロングラン」って言うよね。
- He **had a long run** as the team's coach.（彼は長年、そのチームの監督を務めた）
- That is the **longest-running** TV drama in history.（あれは史上最長寿のテレビドラマだ）

in the long run という、慣用句としての表現もある。
- It will all work out **in the long run**.（長い目で見れば、全てなんとかなるさ）

かつて私は、漢字の「生」の読み方が山ほどあることに絶望した。なんでこんなにたくさんあるの？全部覚えられるわけがない！って。でも、ある記事によると、『オックスフォード英語辞典』にはrunの645の違う使い方が載っているそうだ。しかも動詞形だけで！

ひょっとしたら皆さんの中に、英語を学び始めた頃に「run＝走る」だと知ってとてもうれしかった！という方がいるかもね。私も「山」や「川」のような簡単な漢字を覚えたときの喜びは、今でも

忘れられない。この初心を忘れずに言葉と向き合っていこう。

山ほどある分からないことに絶望するのではなく、新しい表現を知るごとに大いに喜ぼう。新しい run の使い方を1日1つ覚えていけば、たったの2年で全ての意味が頭の中に入るわけだ。これ、すごくない？

■ run の用法　まだまだたくさん！

- You can **run** but you can't hide.（いくら走っても、[現実・恐れなどから] 逃げられないぞ）
- He is always **running his mouth** about something.（彼はいつもしゃべり続けている）
- Sorry to have to eat and **run!**（悪いけど、食べたらすぐに帰らないと！）
- I apologize, but we are **running** a little **behind schedule**.（申し訳ありませんが、予定より少し遅れています）
- Let's do a **dry run** to see how things will go.（うまくいくか確認するためにリハーサルをしよう）
- My daughter has been **running a feve**r since yesterday.（娘は昨日から熱を出している）
- I gotta **run!**（行かなきゃ！）
- He got a ticket for **running a red light**.（彼は赤信号を無視して違反切符を切られた）
- Can I **run** this idea **by** you?（このアイデアを聞いてくれない？）
- Hillary Clinton **ran for** president of the United States in 2016.（ヒラリー・クリントンは2016年、アメリカ大統領に立候補した）
- I gotta **run some errands** this afternoon.（午後はいろいろな用事を済ませないといけない）

3 | loveとlike

-ネイティブっぽさが一段と増します-

　この間、英語が上手な日本人の友達に言われた。「英語の専門用語や難しい言葉は使いこなせるけど、ネイティブみたいに"love"を使いこなせない」。もう一人の友達は、「ネイティブはあいさつみたいに"love"って言うけんウケる。1日に何回言うの？」。

　確かに、電話を切る前にI love you.、家を出掛ける時にI love you.、寝る前にI love you.。もし日本語でこんなに頻繁に「愛しているよ！」と言ったら、バリおかしいよね（笑）。

　もちろん対象は人だけに限らない。I love ice cream!、I love English!、I love reading!、I love my kids!、I love traveling! などなど。英語はloveの大盤振る舞いだ。love は名詞でも使うし（Everyone needs love.）、形容詞的にも使う（What a beautiful love song!）。さらに今どきの使い方は -ing形で、I'm totally loving my new car! (新しい車がめちゃくちゃ好き！）なんて言ったりする。

　そうして、実は、loveより幅広く使われている類語があって、それが"like"だ。

○ 「～が好き」と応用編

　このlikeの使い方が分からない日本人はいないよね。「このアイスクリームが好き」なら、こんな感じだ。

- I **like** this ice cream very much.
- I really **like** this ice cream.
- I **like** this ice cream so much.

- I **like** this ice cream a lot. など。

ネイティブは以下のような言い方をよくする。

- I **love** this ice cream!
- I **am crazy about** this ice cream!
- This ice cream **rocks**.
- This ice cream is **awesome**.
- I **am really liking** this ice cream.

really like と love、crazy about はだいたい同じ意味だ。I am really liking this ice cream. は現在進行形なので、今まさに「好き」な気持ちがあって、それが毎日続いているという感じ。

ところで学校では、like や love、know、resemble などの状態動詞を現在進行形にするのは NG と習うけど、例外がいくつかある。

- I **am living** in the U.S.（今アメリカに住んでいます［もうすぐ引っ越すかも］）
- You **are resembling** your father more and more every day.（あなたは日に日に父親に似てきている）

like と love も、それぞれ I'm liking it.、I'm loving it. と、現在進行形にする場合がある。ハンバーガー店のキャッチコピーでも I'm lovin' it!（めっちゃハマってる！）ってあるね。日本人にはなじみがないかもしれないけど、ネイティブの若者はよく使い、話し言葉やチャットでは、likin'、lovin' と、"g" がよく省略される。

- I'm **lovin'** my new shoes.（新しい靴がスゴイ好き）
- I'm really **likin'** their new song.（彼らの新曲がマジで好き）

◯ ～のように、～みたいに

これは先ほどの「～が好き」という意味とは全く関係ない。

- Do it **like** this. （こんなふうにしてね）
- You speak English **like** a native speaker. （あなたは、ネイティブスピーカーのように英語を話すね）
- I can't speak Japanese **like** you. （あなたみたいには日本語を話せない）

I wanna be like 〜（〜のようになりたい）は会話でよく使われる。
- I wanna be **like** my dad when I grow up. （大きくなったら、お父さんみたいになりたい）
- I wanna be confident **like** you. （あなたのように自信満々になりたい）

🔾 どんな〜ですか？

What's 〜 like? という便利な使い方もあって、これは日本語で言うと、「どんな〜ですか？」という意味だ。
- What's he **like**? （彼って、どんな人？）
- What does *natto* taste **like**? （納豆って、どんな味ですか？）
- You've been in Japan for 22 years? What's it **like**? （22年も日本にいるの？どんなところ？）

🔾 look like で「似ている」

私には娘が3人いる。私は金髪の白人で、夫はフィリピン系アメリカ人だ。私の遺伝子はあまり強くないようで、よく人から「娘さんはアンちゃんには全然似てないね。旦那さん似だね！」と言われる。likeを使って表してみよう。
- Your daughters don't **look** anything **like** you. （娘さ

んは全然あなたに似ていないね）
- They **look** just **like** their father.（お父さんにそっくりだね）
- Who do you **look like**, your mom or your dad?（誰に似てるの？お母さん、それともお父さん？）
- I don't **look like** either of them.（どっちにも似ていない）

「お父さんそっくり！」は、こんなふうに言うので覚えておこう。
- He **looks** exactly **like** his father! = He is the spitting image of his father!

身体の一部が似ているときはhaveを使って表そう。
- He has his father's eyes.（彼の目はお父さん譲りだね）
- She has her mother's nose.（お母さんの鼻だね）
- They have their mother's skin tone.（肌の色はお母さん譲りだ）

有名人に似ているというときにも、この表現が使える。
- My friend really **looks like** Jackie Chan.（私の友達はジャッキー・チェンにすごく似てる）

A: You **look like** that guy from "The Greatest Showman."（『グレイテスト・ショーマン』のあの人に似てるよね）
B: Hugh Jackman?（ヒュー・ジャックマン？）
A: Yeah, him!（そう、彼！）

　ちなみに、私は「夏木マリさんにすごく似てる！」とよく言われて、マジで光栄です。夏木さんみたいに、カッコよく美しく歳をと

りたいなぁ。これも英訳してみよう！

By the way, people often tell me that I **look like** Mari Natsuki.（ところで、よく人から、夏木マリさんみたいって言われる）。What a huge compliment, seriously.（めっちゃ褒め言葉、マジで）。I'd like nothing more than to age gracefully and beautifully **like** her.（彼女みたいにカッコよく、美しく歳を取りたいな）。

○ look like で「〜みたい」「〜しそう」

- He **looks** (**like** he is) really angry!（彼、怒ってるみたい！）
- It **looks like** (it may) rain today.（今日は雨が降りそう）
- This meat **looks** (**like** it may be) spoiled.（このお肉、ダメになってるみたい）

文中にカッコを付けたように、会話の中では、like とそれに続く語句が省略されることが多い。

○ つなぎ言葉の like

最後に、おそらく一番使いづらい like について。それが、会話の間を埋める「つなぎ言葉」としての like だ。日本語のつなぎ言葉には、「ええと」「なんか」「っていうか」などがあるが、英語では I mean、you know、like などをよく使う。一つずつでもいいし、間をもたせるために複数個をつなげて言う人もいる。

- I need, **like**, 10 more dollars, Mom.（お母さん、あと10ドルくらい必要なんだけど…）
- I mean, you know, I don't even, **like**, have a car!（っていうか、ほら、車とかも持ってないからね！）

このlikeには全く意味がないわけやけど、自然に使うと、ハンパなく「ネイティブの若者感」が出る。

- You know, I heard there is, **like** a big party at his house tonight.（あのね、今夜彼のとこでさ、なんかすごいパーティーがあるみたい）
- I have, **like**, three tests tomorrow so I can't go out tonight.（明日さ、なんか、3つ試験があるから出掛けられんのよ）
- I have, **like**, literally no money, man. There's no way I can go.（なんていうか、全くお金がないからさ。どうやっても行けないよ）

　私は25年間、日本語を勉強してきた。日常会話や仕事ができる程度には習得したけど、やっぱりまだまだ言葉のニュアンスが分からないことがある。辞書で調べると山ほどたくさん意味が載っていて、よく「あぁ、勘弁して！どの意味なの？」と叫びたくなる。おそらく、英語を勉強している日本人の皆さんにも同じような悩みがあるよね。ネイティブが使うさまざまな表現を学ぶにつれて、徐々に使い方やニュアンスが分かってくると思う。だから諦めないで、ちょっとずつ英語をマスターしていこう！

killとdie

-絶対死なないのになぜ?-

　私の父は言葉の達人だった。本業は大学の教員で、書籍や脚本も執筆していた。子供の頃、晩ご飯が終わった後にほぼ毎日、父は私にいろいろなクイズを出してくれた。政治、宗教、歴史、そして、英語について。父は私の語彙力を上げたかったようで、父のおかげで言葉が大好きになった。

　難しい言葉も教わったが、同時に父ならではの独特な表現もあった。一番、記憶に残っているのが、Can I kill these leftovers?だ。これは「残り物を食べてしまっていいかな?」という意味。killは「食べてしまう」ということだ。

　これが一般的な英語なのか、その地方独特の言い回しなのか、それとも父の編み出したものなのか、いまだによく分からない。考えたら、他の人がこの表現を使っているのを聞いたことがないから。夫に聞いてみたら、「うーん、それは知らんよ」だって。でも私が小さいとき、父は毎日のようにYou wanna kill this?、Can I kill this?なんて言っていたものだ。

　英語のkillには「~を殺す」以外の意味がある。ポジティブな意味も意外とたくさんあるので、その使い方についてお話ししよう。

◯ バッチリだった!、うまくできた!

何かがうまくできたときに、英語ではよくI killed it! と言う。
　A: How was the exam? (試験どうだった?)
　B: I totally **killed** it. (バッチリだったよ)
というふうに。

他にも、I killed my audition.、I killed the speech.、I killed the presentation.などとも言う。それぞれ、「オーディション／スピーチ／プレゼンはバッチリだった」という意味だ。

killと似たような言葉に、nail、ace、crushがある。
- I totally **nailed** my audition /the speech /the presentation.
- I **aced** the test /my interview.
- I **crushed** the final exam.

それぞれ、「オーディション／スピーチ／プレゼン／テスト／面接／期末試験はうまくいった」という意味だ。これらはスラングだが、日常会話にはよく出てくる。特に、映画やドラマでは頻出だ。文ではなかなか面白さが伝わらないかもしれないが、誰かが何かをうまくやり遂げたとき、歌うような調子でNailed it! と言う。

スラングではない表現では、It went really well. とも言える。
A: How was your exam?（試験、どうだった？）
B: I think **it went really well**.（すごくうまくいったと思う）

❍ 面白すぎる!、超ウケる!

これは、killのもう一つのポジティブな使い方だ。ちょっとイメージしてほしい。誰かがめちゃくちゃ面白いことを言って、おなかが痛くなるくらい笑ったとしよう。本当に笑いが止まらないよ、ヒー！ そんなときに英語ではこんなふうに言う。
- Ha-ha! Seriously, stop! You're **killing me**!（ハハハ！マジ、やめて！面白過ぎる！）

日本語でも笑い過ぎて、冗談で「やめて！死ぬぅー！」と言うことがあるよね。それと同じだ。

kill の仲間で形容詞の dead も、同じ状況で使える。I'm dead. と言えば、直訳の「私は死んでいます」という意味ではなくて、「超ウケる！オモロイ！」という意味になる。die laughing と言うと「笑いすぎ（で死ぬ）」ということ。

- His jokes were so hilarious. We all **died** laughing.（彼のジョークは面白すぎ。みんなめちゃくちゃ笑った）

さて、You're killing me. に話を戻そう。この表現は、言うときの声のイントネーションや文脈で意味が変わってくる。これはあきれているように言ってみよう。

- Please stop. You're **killing me**.（もうやめて。いい加減にして）

次は親の車に傷を付けてしまったり、門限を守らなかったりしたときに使う、定番フレーズ。もちろん親に殺されるわけじゃない。

- My parents are gonna **kill me**!（両親に超怒られる！ヤバい！）

こういうこともあるかもね。ここでも仲間の dead が使える。

- My sister is gonna **kill me** for breaking her phone.（姉のスマホを壊しちゃったから殺される）
- I broke my sister's phone. I'm so **dead**.（姉のスマホを壊しちゃった。殺される）

⭕ 死ぬほど痛い

日常生活では、この意味で kill をよく使う。「痛みに殺されている」という感じだ。

- My head is **killing** me. Do you have any medicine?（頭が死ぬほど痛い。薬、ある？）

- My back is **killing** me. I want to lie down. （腰が死ぬほ
ど痛い。横になりたい）

　ちなみに、痛み止めの薬は英語でpainkillerと言う。そして、「痛
みを止める」は、kill the painとなる。日本人は痛みを「止める」。
アメリカ人は痛みを「殺す」。さすがアメリカ人は極端だ！　「痛み
を止める」例文も見ておこう。
- My stomach is totally **killing** me. I need some
painkillers. （おなかが死ぬほど痛い。痛み止めが欲しい）
- My tooth is **killing** me. Can you give me something
to **kill** the pain? （歯がとても痛むんです。痛みを止める薬
を出してくれますか？）

　kill the painはnumb the painも言える。numbは「～をまひさ
せる」という意味だ。
- Can you give me something to **numb** the pain? （痛
みをまひさせるものをくれますか？）

◯ 〜したくてたまらない

アメリカの映画やドラマで、こんな表現を聞いたことある？
- I **would kill for** some Mexican food right now. （今、
メキシコ料理が食べたくてたまらない）
- I **would kill for** some of my mom's homemade
chocolate chip cookies. （母の手作りのチョコチップクッ
キーが食べたくてたまらない）
- I **would kill to** see her right now. （彼女に今すぐ会いた
くてたまらない）
母の手作りクッキーを手に入るため、さすがに人を殺さないだろ

うけど、「人を殺すことを考えるくらい何かが欲しい」と言いたいときには、この表現がぴったり。よくright now（今）と一緒に使う。つまり、「今」、母のクッキーが食べたくてたまらない！！後で、ではなくて、今！ということ。

　killだと強すぎるかもと思うなら、それに近い、次の言い方でもいいだろう。

- I **am dying for** some Mexican food.
- I **am dying for** some of my mom's homemade chocolate chip cookies.
- I **am dying to** see her.

killほどきつい言い方ではないけど、意味は大体、同じ。食べたくてたまらない！会いたくてたまらない！、ということだ。

○ さまざまに使えるkillとdie

killを使うほかの例も見てみよう。

- Gas prices these days are **killing me**.（最近、ガソリン代が高くて困る）
- I **killed** two birds with one stone.（一石二鳥だった）
- The wind is finally **dying** down.（やっと風が落ち着いた）
- I'm **dead** tired. / I am **dead** on my feet.（めちゃくちゃしんどい）
- Can you **kill** the music?（音楽を消してくれる？）

A: How was the basketball game yesterday?（昨日のバスケの試合、どうだった？）
B: We got **killed**.（ぼろ負けだった）

A: Can I open my birthday present now?（誕生日プレゼントを開けてもいい？）

B: No, not yet.（いいえ、まだだめ）

A: The suspense is **killing** me!（待ちきれないよ！）

A: What are you doing?（何してるの？）

B: Nothing really. Just **killing** time till it's time to go.（別に。出掛けるまで時間をつぶしてるだけ）

次のようなdieやdeadの使い方もある。

- I thought I had **died** and gone to heaven!（超うれしかった！）
- You are **dead** wrong.（あなたは完全に間違ってるよ）
- My phone is **dying**. Do you have a charger?（スマホの充電があまりない。充電器を持ってる？）
- My phone is **dead**.（スマホの充電が切れた）

スマホ関連の表現は、本当によく使う。イメージ的には、充電が少ないとき、スマホは死にかけていて、完全に充電切れになったらスマホが死んでしまった、という感じかな。

　英語も日本語も変わり続けている。私は若い時、I'm dead. は「超ヤバい！」という意味で使っていたけど、今の若者はそれに加えて「超ウケる！」という意味でも使う。こんなことを聞くと、「もうダメだ。英語は複雑すぎる！」と思うかもしれないけど、ご心配なく。ネイティブの私もついていってない。でもそれが言葉の面白いところだ。終わらない勉強を一緒に楽しもう！

5 | getとgive

-「もらう」と「あげる」にとまどう-

　日本語を勉強し始めた頃、私はgetとgiveを表す無数の日本語に悩まされていた。この簡単な概念を表すために、日本語にはなんでこんなにたくさんの言葉が必要なの？

「渡す」「あげる」「やる」「差し上げる」
「受け取る」「もらう」「くれる」「頂く」

　でもこれは裏返せば、日本人もgetとgiveにきっと悩んでいるっていうこと。ある調査によると、getだけで289もの違う使い方があるんだそうだ。ここで全ての例には触れられないけど、頻繁に使うものを解説していこう。

○ もらう

　getの最も分かりやすい使い方は、恐らく日本語の「もらう」に相当するものだ。遺伝で「もらう、受け継ぐ」という意味もある。
- I **got** this from my mom. （これは母からもらったの）
- I **got** a lot of compliments on my new haircut. （新しいヘアスタイルをたくさん褒められた）
- She **got** a new car on her 16th birthday. （彼女は16歳の誕生日に、新車をもらった）
- I **got** my bad eyesight from my mother. （視力が悪いのは、母譲りだ）

get をもう少し改まった言い方にしたのがreceiveで、例えばこ

ういう文においては、入れ替えが可能だ。

- I **got/received** a new bicycle.（新しい自転車をもらった）
- I **got/received** a letter in the mail from my host family.（ホストファミリーから手紙をもらった）

○ 「やる」「あげる」「差し上げる」のgive

ここでちょっと脱線して、「もらう」の反対の意味の「あげる」、つまり、giveについて触れておきたい。giveを日本語にする場合、とても悩ましいのは、そのバリエーションの多さだ。例えば、

- 犬に水をやった：I **gave** my dog some water.
- 彼氏にプレゼントをあげた：I **gave** my boyfriend a present .
- 上司に旅行のお土産を差し上げた：I **gave** my boss a souvenir from my trip.

英語には日本語のような敬語が少なく、どれもgiveが使える。でも、日本語で「犬に水を差し上げた」「上司にお土産をやった」と言うとバリヤバい。なぜヤバいかというと、皆さんもご存じのように、日本の社会は上下関係を重んじるからだ。

私の解釈では、日本での上下関係は次のようになっている。左にあるものの方が立場が上になる。

上司や目上の人>同僚>恋人・友人>身内>子ども>動物や植物

「身内」の中にも明確な上下関係がある場合もあるだろう。

「お土産」の話が出てきたので、日本人がよく間違える present という単語の使い方にも触れておこう。よく、「誕生日に両親が新しい自転車をプレゼントしてくれた」を"My parents presented me a new bicycle for my birthday." と言ってしまう学生がいる。

実は英語では、「プレゼントをあげる」という意味で、動詞の

presentを使わない。使っていいのはもう少しフォーマルな場合のときだけだ。例えばMy company **presented** me with a new car upon my retirement.（退職するときに会社から新車をもらった）ような場合だ。

誕生日プレゼントなどの場合、次のような言い方が自然だ。
- My parents **gave** me a new bicycle for my birthday.
  （誕生日に両親が新しい自転車をくれた）
- My boyfriend **gave** me a diamond ring for Christmas.
  （クリスマスに彼がダイヤの指輪をくれた）

○ 取る、取得する

さて、もう一度、getに戻ろう。このカテゴリーは「もらう」に近いけど、「自分が努力して」というニュアンスがある。
- I **got** my driver's license when I was 18.（18歳のときに運転免許を取った）
- I **got** a perfect score on the TOEIC test.（TOEICテストで満点を取った）
- My brother **got** a great job in England.（兄はイギリスでとても良い仕事を見つけた）

○ 理解する、分かる

例えば、I'll meet you at 7:00 at the station.（7時に駅で待ち合わせしよう）と言われたときに、Gotcha!（分かった！）と答えることがある。このgotchaは（I've) got you.の発音をそのままつづったものだ。Got it?（分かる？）、Got it!（分かった！）とも言うね。
- I don't **get** what you are saying.（おっしゃることがよ

く分かりません）
- I totally don't **get** it. （全く分かりません）
- I **get** what you are saying, but I don't agree. （あなたが言っていることは分かりますが、賛成はできない）

○ 買う

これは2つ前に紹介した「取得する」に近い表現だ。
- That's such a cool shirt! Where did you **get** it? （そのシャツめっちゃかっこいい！どこで買ったの？）
- Let's **get** sushi for dinner. （今日の夕飯はすしを取ろう）
- My parents **got** this for me. （両親がこれを買ってくれた）

○ 〜する機会がある、〜ができる

何かが「特別にできる（ようになる）」と言うときは、get to 〜 を使う。アメリカ人のお母さんは、子供に I am so thankful that I get to be your mom. とよく言うけど、これは「あなたのママで良かった！」ということ。get to を使う例文を幾つか見てみよう。
- I **get to** sleep in tomorrow because it's my day off. （明日は休みだから、遅くまで寝られる）
- No one else in my family **got to** go to college. I was very lucky. （ほかの家族は誰も大学に進まなかった。私はとても恵まれていた）

○ 〜に着く

「〜に着く、〜までたどり着く」と言うときもgetを使う。
- Can you tell me how to **get** to the station? （駅までど

う行くのか教えてもらえますか）
- What time will you **get** there?（何時に着きますか？）

◯ 病気になる、病気にかかる

「病気」と聞いて思い浮かぶのは sick だろう。日本語の「病気」と英語の sick の重さは、ちょっと違う。英語では程度と関係なく、調子が悪いとき全般について sick を使うのだ。I'm sick. は、「病気です」ではなく、「調子が悪い」「具合が悪い」くらいのことが多い。さらに風邪、インフルエンザ、コロナ、胃腸炎、がん、中耳炎なども全て sick だ。

だから、英語で単に I'm sick. と言っても、それがどの程度悪いのか、何の病気なのかは分からない。もし、さらに詳しく説明したいのであれば、情報を加えよう。My mom **got sick** last year. には、例えばこう付け加えることもあるだろう。
- My mom **got sick** with cancer last year. = My mom **got** cancer last year.（去年、母ががんになった）

病気を具体的に言う例文をもう一つ。
- I **got** the flu on Christmas Day, but I got better in a couple of days.（クリスマスにインフルエンザにかかったけど、数日で回復した）

ワクチン接種についても get は使える。
- I **got vaccinated** against COVID-19, but I still caught it.（コロナのワクチンを打ったけれど、感染した）

「病気にかかる」を表す英語はたくさんある。catch、contract、get infected with ～ など。でも、会話では get が最もよく出てくる。

○ 句動詞の get

　句動詞とは「動詞＋前置詞／副詞」の形を取るもの。get を含む句動詞はたくさんあるので、いくつか見てみよう。

- **Get on** the train at Hakata Station and **get off** at Kokura. （博多駅で電車に乗って、小倉駅で降りてね）
- It took me a really long time to **get over** my boyfriend's betrayal. （彼氏の浮気を乗り越えるまで、かなり長くかかった）
- It's dangerous! **Get back**! （危ないよ！下がって！）
- I **get along** really well with my sisters. （私は妹たちと、とても仲が良い）
- I am barely **getting by**. （生きていくだけで精いっぱいだ）
- My son **got into** the University of Tokyo. （息子は東京大学に入学した）
- I tripped as I was **getting out of** the taxi. （タクシーから降りようとして、転んだ）
- As I was **getting into** my car, I threw out my back. （車に乗ろうとしたときに、ぎっくり腰になった）

　get into だけでもさまざまな使い方があって、get in(to) trouble で「困った／厄介なことになる」「怒られる」といった意味だ。

- I **got into trouble** for breaking my curfew. （門限を守らなかったから、親に怒られた）

　get in(to) the mood to ～は「～する気分になる」という意味。

- Yikes! I need to **get into the mood to** study. （ヤバい！勉強する気分に切り替えないと）

◯ 口語のgetを言い換えるには？

getはフォーマルな文ではあまり使わない方がいいとも言われている。代わりに次のような単語を使う場合がある。

病気にかかる、感染する：catch、contract、get infected
- I **got** COVID-19 in the U.S. →I **contracted** COVID-19 in the U.S.（アメリカでコロナにかかった）

～をもらう：receive
- I **got** an award in high school. →I **received** an award in high school.（高校生の時、賞をもらった）

取得する：obtain
- I **got** my driver's license when I was 18 years old. → I **obtained** my driver's license when I was 18.（18歳のときに運転免許を取った）

理解する：understand、comprehend
- I don't **get** it. →I don't **understand**.（分かりません）

買う：buy、purchase
- Where did you **get** those shoes? →Where did you **purchase** those shoes?（その靴はどこで買ったの？）

～ができる：have the opportunity、have the chance
- I **get to** go to Europe next summer. →I **have the opportunity to** go to Europe next summer.（来年の

夏、ヨーロッパに行ける）

　英語には、日本語の敬語や丁寧語のようにバリエーションに富んだ言い方はない。でも、「大人の話し方」や「品のある話し方」はある。英語を使うほど分かってくるから頑張ろう！── Maybe you don't **get** English now, but as you **get** more chances to practice, you will **get** better and better. So don't **get** discouraged!

get の用法　もっとたくさんあるよ！

- We **got** a cat about two months ago.（2カ月前に猫を飼い始めた）
- My English is **getting** better.（私の英語は上達している）
- I am **getting** fat, so I need to go on a diet.（最近太ってきたから、ダイエットしないと）
- I am **getting hungry**. Can we go to dinner soon?（おなかがすいてきた。そろそろ夕飯食べに行ける？）
- My mom **gets angry** at me for using my phone all day.（一日中スマホを使うので、母に叱られる）
- Do you **get nervous** when you are on TV?（テレビに出るとき、緊張する？）
- My best friend is **getting married** next year.（大親友が来年結婚する）
- I **got caught** speeding.（スピード違反でつかまった）
- It is easy to **get discouraged** if you fail, but don't give up.（失敗するとがっかりするよね、でも諦めないでね）
- I **got a haircut** yesterday.（昨日、髪を切りに行った）
- You need to **get some rest**! You look so tired.（少し休んだほうがいい！とても疲れた顔をしているよ）
- You have been watching TV all summer! You need to **get to** work on your homework!（夏休みの間ずっとテレビを見ているね！宿題をやらないと！）
- Let's **get started**!（始めよう！）
- I need to **get going** soon.（そろそろ帰らなくちゃ）
- That guy is really **getting under my skin**.（あの人には本当にいらいらさせられる）
- You are almost 20 years old. You need to **get your act together**!（もうすぐ20歳だね。しっかりしないといけないよ！）

6 | pick

-ピックアップとpick upはどう違う?-

　長年アメリカに住む日本人はカタカナ用語をよく使う。日本にいる日本人もよく使うよ！と言いたい方もいるかもしれない。確かにそう。普段、日本人が使う言葉の20%はカタカナ用語だ。でも、アメリカ在住日本人は、独特のカタカナ語をよく使うのだ。そして、日本に帰国したときに通じなくてびっくりする。

　私にはバイリンガルの友達がたくさんいる。その友達はきっと「アンちゃんは『変なカタカナ用語』警察だ！」と思っているに違いない（笑）。誰かが日本で通じないカタカナを使ったら、私は「ええと、それは日本語にはなっていないと思うよ」と言うから。

　pickはそもそもすごく使い勝手のいい動詞だが、アメリカ在住の日本人がよく使う句動詞にpick upがある。あまりに使われすぎて、カタカナ用語の「ピックアップ」として日本人コミュニティーに定着している。これは、普通、日本人が言う、「選ぶ」という意味のピックアップとは違う（これは英語で正しくは pick outだ）。そして、英語のpick upには使い方が山ほどある。この魅力あふれる表現を解説しよう。

O 迎えに行く

　海外に住む日本人はよく「子供をピックアップしないと」と言う。日本語でも言うよ！という人もいるかもしれないけれど、日本に住む日本人の多くは「迎えに行く」と言うだろう。

- Mom, can you **pick** me **up** from school around 4:30?

（お母さん、４時半頃迎えに来てくれる？）

- Can you **pick up** the kids after work?（仕事帰りに子供たちを迎えに行ける？）
- Can you **pick** me **up** from the station at 7:00?（７時に駅まで迎えに来てくれる？）

多くの親は、永遠に子供を迎えに行くだけではなく、当たり前だがどこかに「送る」こともある。この「送る」はtakeと言う。

- Let's meet for coffee after I **take** my kids to school.（子供を学校に送った後、お茶しよう）
- Mom, can you **take** me to school today since it's raining?（お母さん、雨だから学校まで送ってくれる？）

takeが出たついでに対象が物の場合もやってみよう。日本語は、「物」なら「持って行く」、「人」なら「連れて行く」と表現を分ける。英語では、どちらもtakeで表現できる。

- What are you **taking** to the party?（パーティーに何を持って行く？）
- Who(m) are you **taking** to the party?（パーティーに誰を連れて行く？）

日本に来たばかりの頃、よく「子供を持って行くね！」と言って笑われた。

◯ 引き取りに行く

同じように、「（物を）取りに行く」と「（人を）迎えに行く」はどちらも、英語ではpick upを使う。

- I need to **pick up** my suit from the dry cleaners.（クリーニング店にスーツを取りに行かなきゃ）

- I forgot to **pick up** my medicine from the pharmacy.（薬局に薬を取りに行くのを忘れた）
- I forgot my phone at your house. Can I come **pick** it **up**?（君の家にスマホを忘れたよ。取りに行っていい？）

ここでのpick upはgetで言い換えられる。「人」にも「物」にも使うことができる。

- Can you **get** the kids after work?
- Can you **get** me at the station at 7:00?　※pick upのときはfrom the stationだけど、getのときはat the station。
- I need to **get** my suit from the dry cleaners.
- I forgot to **get** my medicine from the pharmacy.
- I forgot my phone at your house. Can I come **get** it?

○ （途中で）何かを買う

どこかから帰るときに合わせて使う。大量に買い物をしてくるのではなく、「軽く」何かを買ってくるニュアンスが強い。

- Can you **pick up** some milk on your way home?（帰りに牛乳を買ってきてくれない？）
- I'll **pick up** some Chinese takeout for dinner on the way home.（帰りに夕飯用の中華のテイクアウトを買うね）
- I **picked up** this souvenir for you in India.（インドで、あなたのお土産にこれを買ってきた）

ここでも、代わりにgetを使って大丈夫だ。

- Can you **get** some milk on your way home?
- I'll **get** some Chinese takeout for dinner on the way home.
- I **got** this souvenir for you in India.

⭕ 自然に習得する

「自然に習得する」とは、なんと素晴らしい表現だろう！ 外国語を勉強している全ての人が、きっと賛成してくれるはず。「自然に、あまり苦労せずに何かを習得する」ときにpick upを使う。

- My kids **picked up** some Spanish in Mexico.（子供たちはメキシコで、スペイン語を自然に少し覚えた）
- I **picked up** the guitar in college.（大学で、ギターをちょっと弾けるようになった）

めちゃくちゃ勉強したり、練習したりしたときには、pick upは使わないので、（×）I picked up Japanese after studying every day for 25 years. とは言わない。

⭕ 拾う、片付ける

何かを拾うときにもpick upをよく使う。

- There is a 100-yen coin on the floor over there. Go **pick** it **up**!（あそこの床に100円玉が落ちてるよ。拾って来て！）
- I dropped my pen. Could you **pick** it **up** for me?（ボールペンを落としちゃった。拾ってくれる？）

床や家具の上にあるものを「拾って片付ける」の意味もある。

- **Pick up** your toys!（おもちゃを片付けて！）
- Could you please **pick up** your room?（自分の部屋をちょっと片付けてくれない？）

○ 抱っこする

　日本に来たばかりの頃の、恥ずかしい言い間違いをよく覚えている。hugが大好きな私は「ハグ不足」になった。それをどうしても日本人の友達に伝えたかったが、良い日本語がなかなか見つからない。「抱きしめる？」「抱き合う？」、どれもなんとなく、英語のhugと微妙に違う。突然ひらめいて、一番親しみのある単語を言ってみた。「私、抱っこしてもらいたい！」。みんなに大笑いされた。

　英語では「抱っこ」にもpick upを使う。

- Mommy, **pick** me **up**!（ママ、抱っこして！）
- I think he wants you to **pick** him **up**.（彼は抱っこしてほしいんだと思う）

こういうときにはholdもよく使う。

- Mommy, <u>hold</u> me!
- I think he wants you to <u>hold</u> him.

　holdとpick upのニュアンスは微妙に異なるけれど、入れ替えて使える場合は多い。意味の違いを強いて言うなら、pick upは「持ち上げる」。holdは「抱っこする」や「持つ」という感じ。holdの場合、対象が人とモノの場合で、日本語が変わる。

- He is <u>holding</u> a book.（彼は本を**持っている**）
- He is <u>holding</u> a baby.（彼は赤ちゃんを**抱っこしている**）

○ ナンパする

　「ええっ？『ナンパする』と『抱っこする』はどっちもpick upって、英語は変！」と言いたい？　いや変じゃないよ。どちらもpick upを使う。「口説き文句」はpickup lineと言う。

- Are you trying to **pick** me **up**?（私をナンパしてんの？）
- They **picked up** some girls at the party.（彼らはパーティーで数人の女性をナンパした）

　pick upは山ほど使い方がある。あなたは「数が多過ぎる！諦めよう」と思う？　それとも「面白い！全部使えるようになろう！」と思うかな？

　この間、初めて古典落語を見に行ったけれど、内容の半分以上、理解できなかった。最初は「長く日本語を勉強しているのに、まだこんなに分からない単語があるの？」と思ったが、それはがっかりすることではなくて、頑張る刺激になった。こんなに分からないことがあるなら、勉強はきっと終わらない。でも、それは楽しみがたくさん待ち受ける、良いことだ！

■ **pick up**の用法　まだまだたくさんあるよ！

- I think I've **picked up** a cold.（風邪を引いたかも）
- Tourism **picked up** during the summer.（夏の間に、観光は好転した）
- The wind is really **picking up**. I think a typhoon is coming.（風がとても強くなっている。台風が近付いていると思う）
- Let's **pick up** where we left off.（中断したところから再開しよう）
- You always **pick** me **up** when I am down.（私が落ち込んでいるとき、あなたはいつも私を元気付けてくれる）
- He was **picked up** by the police for shoplifting.（万引の疑いで彼は警察に連行された）
- **Pick up** the pace! We are running late!（急いで！遅れるよ！）
- If you **pick up** any typos in my writing, please let me know.（私の記事のタイプミスに気付いたら、教えて）

7 | shoot

- 使う場面はスポーツだけじゃない -

　私が面白いと思う和製英語はたくさんある。例えば、バスケットボールでよく聞く「ナイスシュート」もその一つ。英語のshootは動詞だ。形容詞niceの後には、動詞ではなく名詞が来なければならない。従って、日本語では「ナイスシュート」と言っても大丈夫だけど、英語で正しくは、Nice shot! とか Nice shooting! と言わなければならない。

　スポーツにおいてshootやshotはとてもなじみのある単語だ。しかしスポーツ以外でも、shootやshotを使う場面は山ほどある。今回は、そんなshoot／shotを使った表現について話そう。

○ シュート（する）

最も知られている意味はこれだろう。例文を見ていこう。
- He **took a shot** and scored.（彼はシュートを決めた）
- He **takes** about 50 **shots** a game.（彼は1試合で、約50回シュートをする）
- That was a great **shot** from the bunker!（バンカーから、めっちゃナイスショットだったよ！）
- He is the team's best **shooter**.（彼は、チームのベストシューターだ）

○ 発砲する、撃つ

アメリカでは日常会話の中に銃に関する用語がよく出てくる。ア

メリカの田舎ではシカ狩りは特に人気だ。多くのアメリカ人にとってシカ狩りは大事な趣味であり、特にアメリカ南部では伝統だ。親子で一緒に鹿狩りに行ってスキンシップを深め、おいしい肉も手に入る。ただ銃について言えば、残念ながら人が撃たれる事件や事故も後を絶たない。

「銃」に関する用語を使った文をリストアップしよう。

- He **took a shot** at the deer. （彼はシカを狙って発砲した）
- I see a deer! **Take a shot** at it! （シカが見えたよ！撃って！）
- I **shot** the deer with a hunting rifle. （私は猟銃でシカを撃った）

もちろん、アメリカは銃社会だということも忘れてはならない

- He was **shot** and killed at the park yesterday. （彼は昨日、公園で射殺された）
- There was a **shooting** at the high school yesterday. （昨日、高校で乱射事件があった）
- The **shooter** was **shot** and killed by the police. （銃撃犯は警察に射殺された）

⭕ 撮影（する）、写真

shoot と shot は、写真関連でもよく使われる。

- I took this **shot** of my granddad last summer. （祖父のこの写真は去年撮った）
- That movie was **shot** on location in Australia. （あの映画はオーストラリアロケで撮影された）
- We did a family photo **shoot** for the first time in five years. （私たちは5年ぶりに家族写真を撮った）

日本語の「ツーショット」や「スリーショット」は、非常に便利な表現だ。英語でもテレビや映画業界などでは、撮影の構図に関してtwo shotやthree shotという専門用語が使われるようだが、通常はそのように言わず、場合によって言い方が変わる。

- Hey, Mika. Let's take a picture together!（ねえ、ミカ。ツーショットを撮ろうよ！）
- That's a great picture of you and your parents!（ご両親とのすてきなスリーショットですね！）

〇 注射、予防接種：shot

「注射」にはinjectionという語も使うが、shotと比べて医療用語っぽさがある。日常会話では、shotの方がよく使われる気がする。shotのおしゃれな言い方は、jabだ。

- I so hate getting **shots**.（注射が大嫌いだ）
- Did you get a flu **shot** this year?（今年はインフルエンザの予防接種を受けた？）
- I got my fourth **jab** yesterday.（昨日、4回目の接種をした）

〇 大きな賭け、大胆な試み：a long shot

この表現はよく使うので、ぜひ覚えてね。「成功する可能性が低いこと」「多分、無理なこと」のような意味だ。

- I am going to apply for this job, but I think it's **a long shot**.（この仕事に応募するけど、採用される可能性はほとんどないと思う）
- He's **a long shot** to win the presidency.（彼が大統領選挙に勝つ可能性はほぼない）

- It's **a long shot**, but I am going to give it a try. （多分無理だけど、やってみようと思う）

◯ やってみる： give it a shot

give it a shotで「やってみる」、give it one's best shotだと「全力でやってみる」「精いっぱい頑張る」という意味だ。

- I'm not sure if I can do it or not, but I am gonna **give it a shot**. （できるかどうか分からないけど、やってみるわ）
- I didn't pass, but I **gave it my best shot**. （受からなかったけど、力の限り頑張った）
- She **gave it her best shot**, but she fell short of her personal best. （彼女は本当に頑張ったけれど、自己ベストを更新するには至らなかった）

◯ 当てずっぽう： a shot in the dark

文字通りには「暗闇の中で的を目掛けて撃つこと」という意味で、「当てる自信も可能性も少ないけれど、絶対に外れないわけでもない、いちかばちかだ」というときに使う慣用句だ

- Well, this is just **a shot in the dark**, but I think the answer is No. 2. （そうですね、全く自信はありませんが、答えは2番だと思います）

A: Why is she so grumpy today? （彼女は今日、なんでこんなに機嫌が悪いの？）

B: Well, it's **a shot in the dark**, but maybe she's just tired? （まあ、知らんけど、多分疲れてるだけじゃない？）

○ しまった！：Shoot!

　これはアメリカでよく使う間投詞だ。英語には、「しまった！」と言いたいときの下品な言葉が山ほどあるが、もちろん、この本では下品な単語は紹介しません（笑）。代わりに、同じ気持ちを伝える、下品ではない言葉を紹介するね。
- **Shoot!** I didn't mean to do that!（しまった！間違ってやっちゃった！）
- **Shoot!** I forgot all about today's meeting!（ヤバい！今日の会議のことをすっかり忘れてた！）

Darn (it)! やDang! も、Shoot! と似た表現だ。
- **Darn it!** I can't believe I forgot the meeting!（もう！会議を忘れたなんて信じられない！）
- **Dang!** I forgot to call him.（しまった！彼に電話するのを忘れてた）

○ どうぞ話して！　聞いているよ！：Shoot!

　shoot は、「どうぞ話してください！聞いていますよ！」のように、相手の発話を促す意味でも使われる。
A: Hey, can I bounce an idea off of you?（ねえ、私が考えていることを聞いてもらえる？）
B: Go ahead, **shoot!**（もちろん、話してみて！）

A: I have this idea for our next project. Can I run it by you?（次のプロジェクトに使えるアイデアがあるんだ。意見をもらえる？）

B: **Shoot!** （聞かせて！）

○ 墓穴を掘る、自分の首を絞める： shoot oneself in the foot

「自分の足を撃つ」が直訳だけど、「自ら災いを招く」というニュアンスで使われる。

- Getting drunk the day before your job interview was not a good idea. You really **shot yourself in the foot**. （就職面接の前日に酔っぱらったのが悪かった。自分で墓穴を掘ったんだよ）
- I don't understand why you would do that. You are just **shooting yourself in the foot**. （あなたがそうする理由が分かりません。自分の首を絞めているだけですよ）

○ 駄目になった、くたくたに疲れた：be shot

物に対して使うと、「壊れている」「寿命だ」という意味。人に対して使うと、「動けないくらい疲れた！」のようなニュアンスだ。

- My car died again today. I think the battery **is shot**. （今日も車のエンジンがかからなかった。バッテリーがもう駄目なんだと思う）
- I worked out for three hours at the gym today. I'm totally **shot**. （今日、ジムで3時間運動した。疲れ過ぎて動けない）

○ ペラペラしゃべる： shoot off one's mouth

この表現にはいろいろな意味があるけど、大抵はネガティブな

ニュアンスで使われる。知識がないのに自信満々に話す人、大げさに言う人、秘密を漏らす人などに対して使う。

- He's always **shooting off his mouth** about something.（彼はいつも、なんでも知っているかのようにペラペラしゃべる）
- Just stop **shooting off your mouth**!（とにかく、黙って！）

○ 無駄話をする、おしゃべりする： shoot the breeze

breezeは「そよ風」という意味で、shoot the breezeは雑談レベルの話をするときに使う。

A: Hey, what are y'all talking about?（ねえ、みんな何話してるの？）

B: Nothing really. Just **shooting the breeze**.（別に大した話じゃないよ。ただおしゃべりしているだけ）

- We just sat around and **shot the breeze** for hours.（私たちは何時間も、ただ無駄話を続けた）

バスケットボール、銃、カメラ、努力、注射、疲労、おしゃべりなど、全く関係ないように見えるけど、実はshootやshotとその類語には、何かを「押し出す」「推し進める」「引き起こす」のような共通点があることに気が付くと思う。

あなたはこの表現を使いこなせますか？
Why don't you give it a shot?（試してみては？）。

8 play

- 大人は「遊ぶ」とは訳しません -

　大学で「休み」についてレポートを書いてもらったら、一人の学生が "I prayed with my friends last weekend." という文を書いてきた。「この生徒は信心深いな！」と思ったけれど、よく考えたら、prayedではなくて、playedと言いたかったんだと気付いた。

　残念ながら、この文には2つの間違いがある。1つ目は「pray＝祈る」と「play＝遊ぶ」。この生徒が言いたかったのは、「週末に友達と遊んだ」だ。でも、英語では「遊ぶ」場合にplayを使わない。これが2つ目の間違いだ。

playは、主に小さい子供しか使わない単語だ。
- Mommy, can I **play** with my friends?（ママ、友達と遊んでいい？）
- Let's **play** at the park!（公園で遊ぼう！）
ママ友が小さい子供同士を遊ばせる日はplay dateと言う。
- Our kids have a **play date** at the park tomorrow.（明日、子供たちは公園で遊ぶ約束なの）

　時期は明確に決まっていないが、中学生頃からアメリカ人はplayを「遊ぶ」という意味では使わなくなる。「遊ぶ」で最もよく使われるのはspend timeだが、若者はよくhang outと言う。従って、冒頭の学生が書くべき文は、以下のどちらかだ。
- I **spent time** with my friends over the weekend.
- I **hung out** with my friends last weekend.

「遊ぶ」と表したいときにplayを使うことは多くないが、他の場面では使い方はたくさんある。では紹介していこう！

○ playしないスポーツもある

日本語では、ほとんどのスポーツと運動に「〜する」が付く。「野球をする」「ヨガをする」「空手をする」「ロッククライミングをする」「水泳をする」「山登りをする」「スノボをする」「スキーをする」「運動する」「筋トレをする」……。そのため、日本人は英語で言うとき、全てにplayを付ける傾向がある。しかし、実際は異なる。

- 野球をする = play baseball
- ヨガ／空手をする = do yoga/karate
- ロッククライミングをする = do/go rock climbing
- 水泳／ハイキング／スノボ／スキーをする = go swimming /hiking/snowboarding/skiing
- 運動する = exercise
- 筋トレをする = work out/lift weights

「どう区別するの!?」と思うかもしれないが、そんなに難しくないよ。

●基本、球技スポーツはplay。
●ボールを使わないスポーツはdo。
●-ingが付いているスポーツはgo。

例文を見ていこう。

- I **played basketball** in high school. （高校でバスケットボール部に入っていた）
- I **do yoga** three times a week. （週3回ヨガをする）
- I **did karate** for 10 years. （10年間、空手をやった）
- I'm **going snowboarding** with my friends next week.

（来週、仲間とスノボをしに行く）
- I **went bowling** with my brother yesterday.（昨日、兄とボーリングに行った）

　最近、ダンスが好きな学生がとても多い。「ダンスをする」は play dancing とは言わない。でも go dancing と言うと、どこかのクラブに行って、お酒を飲みながらダンスするイメージが強くなる。ではなんと言えばいいだろうか。
- I love to **dance**!（ダンスをするのが大好き！）
- I **practiced dancing / my dance moves** for like nine hours yesterday.（昨日は9時間もダンスを練習した）

　学生たちはよくボウリングをしに行くけれど、どう言ったらいいか分からないときがあるようだ。ここでも（×）I play bowling. とは言わない。
- I **went bowling** with my friends yesterday.（昨日、友達とボウリングに行った）
- I love **bowling**! / I love to **bowl**! / I love to **go bowling**!（ボーリングが大好き！）

ボールを使うスポーツには play を使うと言ったが、例外はある。私の母語は難しくて、申し訳ございません……。

○ 楽器の演奏には必ず the がいる？

　基本、全ての楽器には play を使う。動詞が同じだから、複数の楽器を合わせて言うことは簡単だ。
- My daughter can **play the piano** and **the drums**.（娘はピアノとドラムができます）

でも、日本語は「ピアノを弾く」とか「ドラムをたたく」と言っ

たりする。そのため私はいつも迷ってしまう。「娘は、ピアノとドラムが……できる？演奏する？弾ける？」。何が一番いいの？といつも悩む。こんなとき、英語はすごく便利だなあ、とよく思う。

しかし、謎が一つある。なぜ楽器には冠詞が必要なのか。アメリカ英語では、play piano、play guitarのようにtheなしで言わなくもないが、play the piano、play the guitarの方が自然で、よく耳にする。「特定されたものならtheを使う」とよく教えられるが、この場合、弾けるギターが一つしかないわけではない。でも英語のうれしいところは、theがなくても絶対に通じて、あまり違和感もないことだ。ただし、I play a piano、I play a guitar.とは絶対言わない。やっぱり難しいな……。

- I have been **playing the guitar** for about 20 years.（20年くらいギターを弾いている）
- Can you **play the piano**?（ピアノを弾けるの？）
- I learned how to **play the drums** when I was a kid.（子供の頃、ドラムを習った）

バンドで楽器を演奏するときにはtheを使わないことがある。
- I **play drums** in my band.（バンドでドラムをたたいている）
- He **played guitar** in a band for 15 years.（彼はバンドで15年、ギターを弾いている）

○ 「利用する、だます」のplay

アメリカに住んでいる友人が、ある時、つい最近付き合い始めた相手について書いて寄こしてきたんだけど、そのメールはI don't wanna get played.と結ばれていた。これはつまり、「だまされた

くない」という意味だ。

少し例文を見ていこう。

- I think he's **playing** you. Be careful. （彼は、あなたのこと利用しようとしているよ。気を付けて）
- You are so getting **played**. I can't believe you don't see it. （めちゃくちゃだまされているよ。気付いていないなんて信じられない）

日本語の「プレイボーイ」は、このget playedとつながりがあるだろう。つまり、「プレイボーイ」の「プレイ」には「遊ぶ」とか、「女をだます」という意味もあると思うのだ。英語でも、多くの女性と遊ぶ男性をplayboyやplayerと言う。

⚪ ディベートに出てくるplay

play the devil's advocateは、ディベート好きなアメリカ人がよく使う表現だ。このplayは「～を演じる」「～の役割を果たす」という意味。devilは「悪魔」、advocateは「代弁者」という意味だ。

これは元はカトリック用語だ。The Devil's Advocateは、亡くなった偉人を聖人の列に加えるかどうか厳しく審査するために教会が選んだカトリック弁護士の肩書で、その役割は、列聖されようとしている人が行った奇跡が本物かどうかを疑うことだった。

現在のplay the devil's advocateの意味は、「話を盛り上げたり面白くしたりするために、わざと反対の意見を言う」ことだ。本当に反対の意見を持っているとは限らないが、物事はあらゆる角度から見ることが大事だ。アメリカはディベート文化の国で、a devil's advocateは「わざと反論する人」を示す言葉になっているのだ。

- OK, I get what you are saying, but let me **play the devil's advocate**. （言っていることは分かりますが、反対

意見を言わせてください）

- Do you really mean that? Or are you just **playing the devil's advocate**?（本当にそう本当に思っているの？それとも、反論したいだけ？）

○ 「からかう、いたずらする」のplay

「からかう」や「いたずらをする」には、play a joke、play a trick、play a prankと3つの言い方があるけれど、prankとtrickはjokeよりもドッキリ感がある。

- Many teenagers like to **play pranks** on Halloween.（多くのティーンエージャーは、ハロウィーンにいたずらをするのが大好きだ）
- I am going to **play a joke** on my dad. Play along with me, OK?（お父さんをからかうから、私に調子を合わせてね、いい？）

playの使い方は、想像した以上にたくさんあったね。「まずい！私はずっとI played with my friends. とかI played bowling. と言っていた。正しい言い方が一つもできていない！」という人がいるかもしれないけど、大丈夫。失敗は良いことだ。失敗は「最も信頼できる教師」なのだ。

私は25年間、日本語を勉強しているけど、数えきれないほど日本語で失敗してきた。そのおかげで、日本語が話せるようになった。失敗する度に少しずつ上手になった。失敗しない人は成長しないからね！　失敗に大いに感謝だ。

- She is **playing hard to get**.（彼女はわざと気のないふりをしている）

- She is really musically gifted. She can **play** any song **by ear**.（彼女にはすごい音楽の才能がある。耳コピでどんな曲でも演奏できる）

- I'm not really sure what time we are going to leave. Let's **play it by ear**.（何時に出発するか、まだ分からない。その場の状況で決めよう）

- My fans have **played a** big **role** in my success.（私の成功はファンによるところが大きい）

- The kids are **playing hide-and-seek** and **tag** in the park.（子供たちが、公園でかくれんぼと鬼ごっこをしている）

- During the school shooting, she survived because she **played dead**.（学校の乱射事件で、彼女が生き残ったのは死んだふりをしたからだ）

- Stop **playing** us **against each other**!（私たちが対立するように仕向けるのはやめて！）

- He is **playing hooky** again.（彼は、また学校をサボっている）

- Stop **playing dumb**! I know you get what I am saying.（とぼけないで！私が言っていることは分かっているでしょう）

- Let's **play it safe** and stay home.（大事を取って、家にいよう）

- You are **playing with fire**. You should stay away from him.（あなたは火遊びをしている。彼と関わらない方がいい）

- We **played phone tag** all day.（電話のすれ違いが一日中続いた）

- We can't afford to **play a waiting game**. We need to make a decision quickly.（根比べをしている余裕はない。早く決断しないと）

9 | grow と raise

-「育つ」と「育てる」のビミョーな差-

　「大きくなったら何になりたい？」って英語で言える？　「大きくなる」はそのまま訳すと become big だけど、この質問のときは grow up(大人になる) を使い、What do you want to be when you **grow up**? と言う。私は長年、日本で教えているが、「育つ／育てる」にあたる grow (up) と raise の間違いをよく目にする。そこで今回は、この2つの動詞について話そう。

O grow：成長する、大きくなる

　「育つ」「成長する」「大きくなる」「背が伸びる」など、肉体面、精神面の成長を表したいときに、英語では grow をよく使う。
　まずは体の成長を表す例文を見てみよう。

- Kids **grow up** so fast. （子供はあっという間に大きくなる）
- He has **grown** about 20 centimeters since last year. （彼は去年から20センチくらい背が伸びた）
- He is **growing** like a weed. （雑草並みの速さで育ってる＝めちゃくちゃ大きくなっている）
- My feet have **grown** about three sizes since last year. （去年より足が3サイズ大きくなった）

　子供や動物などの成長に関しては、grow を get bigger と入れ替えられる場合も多い。

- Wow, your son is **getting** so **big**! （わあ、息子さん、本当に大きくなってるね！）

- Your kids have **gotten** so **big**!（お子さんたちとても大きくなったね！）
- Your dog has **gotten** so **big**!（あなたの犬、大きく育ったね！）

ただし、ティーンエージャーくらいになると、getting bigger と言われるのはうれしくない。getting bigger には「ますます太ってきた」というニュアンスを持つ場合があるからだ。

次は精神面、感情面の成長を見てみよう。
- I feel like I have really **grown** as a person since I started teaching.（私は、教師になってから人として本当に成長した気がする）
- He used to be so immature, but he has really **grown up** recently.（以前、彼は本当に子供っぽかったけれど、最近とても成長した）
- You have really **grown up** a lot in the past year. I am so proud of you.（この1年で本当に成長したね。偉いわ）

人以外の物の成長や物が大きくなる・拡大することにも使う。
- The grass has been **growing** so fast since the end of the rainy season.（梅雨明けから、芝生がすごい速さで伸びている）
- Unfortunately, it seems that the cancer is **growing**.（残念なことに、がんは大きくなっているみたい）
- My resentment toward him is **growing**.（彼への腹立たしさは膨らむ一方だ）

○ grow upとraiseの違い

grow upは「〜(場所など)で育つ」という場合にも使う。

- I **grew up** in the States but moved to Japan when I was in high school.（アメリカで育ったが、高校のときに日本に引っ越した）
- Where did you **grow up**?（どこで育ったの？）
- We **grew up** together.（私たちは幼なじみだ）

「育つ」に関連するもう一つの大事な動詞raiseにも触れておこう。raiseはgrow (up)と同様の意味を持っているが、使い方が異なる。growは「育つ」という意味の自動詞でもあり、「〜を育てる」という他動詞でもある。一方、raiseは「〜を育てる」という他動詞だけで、常に目的語が必要だ。(×)I raised in America.とは言えない。

- My parents **raised** me in the United States.（両親は私をアメリカで育てた）
- I was **raised** in America.（私はアメリカで育てられた）

「子供を育てる」と言うときには、(×)I'm growing my children.とはならない。raiseを使って次のように言う。

- I'm **raising** my children.（私は育児中です）

英語は難しいよね。「人」の場合、「自分が成長する」はgrow upで、「誰かが自分を育てる」はraiseだ。

- I **grew up** in Virginia. / I was **raised** in Virginia.（バージニアで育った／育てられた）
- I **grew up** in an affluent family. / I was **raised** in an

affluent family.（裕福な家庭で育った／育てられた）

前の文の動作主体は「自分」、後ろの文は「自分を育てた人」だ。

raiseを使った例文を見てみよう。

- I **raised** my kids to do the right thing.（私は、子供たちが正しいことをするように育てた）
- I **raised** my kids in Japan.（私は、子供たちを日本で育てた）

アメリカの親はよく自慢げに、I raised you right!（あなたをちゃんと育てたわ！）と言う。

ちなみに、「生まれ育った」は、born and raisedだ。

- I was **born and raised** in the U.S.（私はアメリカで生まれ育った）

○ grow：〜（植物など）を育てる

畑で野菜を「育てる」ときはgrowを使う。また育てる植物だけでなく、勝手に「生える」望ましくないものもgrowで表す。

- I am **growing** tomatoes and green peppers in my garden.（菜園でトマトとピーマンを育てている）
- There are a ton of weeds **growing** in my garden.（畑に雑草が大量に生えた）
- There is some super gross mold **growing** in my bathroom.（浴室にとても気持ち悪いカビが生えてる）

○ Grow up!：しっかりして!

誰かが子供っぽい態度を取ったり、すねたりしたりしたときに、Grow up! という言葉をかけることがある。

A: Hey! I wanted the last piece of pizza!（もう！ピザの最後の1切れを食べたかったのに！）

B: **Grow up!** You are acting like a child.（いい歳して！子供みたい）

O grow out of ~ :
～が着られなくなる、～から卒業する

子供がいる家庭は、よくこの表現を使うだろう。体が大きくなって洋服が着られなくなったり、靴が履けなくなったりするときの便利なフレーズだ。「成長して～から抜け出す」という意味もある。

- I just bought these shoes for my daughter, but she's already **grown out of** them.（この靴を娘に買ったばかりなのに、もう履けなくなった）
- Kids **grow out of** their clothes so fast. It's a good idea to use hand-me-downs.（子供はすぐ大きくなって服が着られなくなるから、お下がりをもらうのがいいよ）
- My son was in a terrible rebellious stage, but he finally **grew out of** it.（息子はひどい反抗期だったけれど、やっと終わった）

O grow into ~ : ～を着られるようになる

これはgrow out of ~の反意語。子供の成長はとても速いので、多分、私を含めてほとんどの親は、大きめのサイズを買って It's OK! You will grow into it! と言ったことがあるはずだ。

- I know the shoes are a little big, but you will **grow into** them.（ちょっと大きい靴だけど、履けるようになるよ）

- I think I am going to order the shirt in a large. She will **grow into** it in no time! （Lサイズのシャツを注文しようかな。彼女はすぐ着られるようになるだろうし！）

仕事やリーダーシップに関しても grow into ~ を使う。
- He has really **grown into** his position as company president. （彼は、本当に良い社長になったね）
- I wasn't used to the job at first, but I think I have gradually **grown into** it. （最初は仕事になじめなかったけれど、少しずつ慣れてきていると思う）

リーダーシップと言えば、「人材を育てる」という意味で、raise up という表現がよく使われる。
- Our company is committed to **raising up** leaders. （わが社は、リーダーを育てることに注力している）
- We want to **raise up** young people to change the future of Japan. （われわれは、日本の未来を変える若者を育てたい）

○ grow on ~ : ～を好きになり始める

以前は好きではなかったこと、あまり関心のなかったことが好きになってきたときに、grow on ~ が使える。
- I used to hate *natto*, but these days it has started to **grow on** me. （以前は納豆が嫌いだったが、最近は好きになってきている）
- I wasn't a big fan of Tokyo when I first moved here, but it has started to **grow on** me. （引っ越してきたばかりの頃は東京があまり好きではなかったが、好きになり始めて

いる）

　私の生徒や周りの友人たちは、永遠に grow up と raise に悩まされている気がする。私は日本語の「育つ」「育てる」「育てられる」などの違いに悩んでいる。他の動詞の変化はかなり理解しているつもりだけど、なぜかこれらは難しい。外国語の学習は赤ちゃんが母語を学ぶのとは違い、自分の母語に影響されるから、回り道だし、時間がかかるよね。でも、私も皆さんと一緒に、諦めることなく頑張るよ。「育つ」「育てる」「育てられる」を正しく使えるようになると信じています！

アメリカ人はどんなときに "America" と言うのか

　日本に来てから頻繁に使うようになった語がある。それは America(アメリカ) だ（笑）。I'm from America.（私はアメリカから来ました）とか、In America, people don't take baths together.（アメリカには、他人と一緒に風呂に入る習慣がない）とか。

　考えてみれば、日本に来る前は America という単語は、あまり使わなかった気がする。その代わり、the U.S.、the States、the United States と言っていた。だけど日本では、あまりにたくさんの日本人が、私の母国を「アメリカ」と呼ぶので、私も日本語を話しているときに「アメリカ」と言うようになった。

　そうしてこれは、私が話す英語にも影響があった。「この夏、アメリカに戻ります」であれば、昔は I'm going back to the U.S. this summer. と言っていたのに、今は I'm going back to America this summer. と言っているのだ！もうびっくり！

　アメリカの正式名称は「アメリカ合衆国」だ。英語では The United States of America と単語が5つもあるので、あの手この手で省略する。例えば、the United States、the U.S.、the States、the U.S.A. など。

　ロサンゼルスの空港で、「Welcome to the United States」と書いた大きな看板があった。Welcome to America や Welcome to the U.S. ではない。公的な場所では看板の表記も公的なのだ。

日本語では「アメリカ合衆国」は正式名称だけど、誰も「この夏、アメリカ合衆国に帰りますか？」とは言わないよね。アメリカでも、時と場合によって「アメリカ」の呼び方はいろいろだ。

■ アメリカを the United States of America と言うとき

　子どもの頃、私はアメリカで毎朝、クラスメートたちと一緒にThe Pledge of Allegiance を唱えていた。これは、「忠誠の誓い」というもので、今でも暗唱できる。これは The United States of America と正式な国名を言うまれな例だ。

> I pledge allegiance to the flag of the United States of America, and to the republic for which it stands, one nation under God, indivisible, with liberty and justice for all.
>
> （私はアメリカ合衆国の国旗、ならびにその国旗が象徴する、全ての民のための自由と正義を備えた、神の下の分割すべからざる一国家であるこの共和国に、忠誠を誓います）

　The United States of America はむしろ書いたものによく出てくる。例えばパスポートなどはそうだ。つまり The United States of America は、主に正式な場合に使われている。日本語の「アメリカ合衆国」と同じように、日常会話にそれほど頻繁に出てくるわけではない。省略すると United States、あるいは The United States だ。例えば United States Postal Service（アメリカ郵政公社）とか United States Army（アメリカ陸軍）という場合は使う。またU.S. と略す場合もあって、例えば United States Army は U.S. Army とも表記される。

■ 夢と希望でいっぱいのＡｍｅｒｉｃａ

　Americaという言葉には「愛国心」があふれているように思う。ドナルド・トランプ元大統領のスローガンは、Make America Great Again (MAGA) で、これは「アメリカ合衆国を再び偉大な国にする」という意味だ。これをMake the United States Great Again (MUSGA) としていたら、アメリカ人の愛国心には全く響かなかったかもしれない。

　Americaという語には「夢」や「希望」が感じられる。the United Statesには感じられない。アメリカに来て努力したら、誰もが The American Dreamをかなえられる可能性があるバイ。歌にもよくAmericaが登場する。God Bless America、America the Beautifulのように。

　アメリカに帰国していたとき、私は故郷のバージニアの田舎町で買い物に出掛けた。その日、私はI Love Japanと書かれたTシャツを着てたんやけど、近くにいた男性がそれを見て、私にI love America.と言った。彼はなぜ、そう言ったのか。「あんたは日本が好きかもしれんが、ワシはアメリカが好きや」という意味で言ったのかな。あるいは、「日本が大好きなら、この人はアメリカが好きじゃないかも」と思ったのかも。その人にとってはI love Japan.＝ I don't love America.だったのかもしれんね。

　もちろん、そんなことはない。私はアメリカで生まれて良かったと思ってるし、アメリカという国が大好きだ。日本が好きだからといって、アメリカが好きじゃないわけではないからね。

愛国心を表すAmericaも、時に排他的になることもある。例えば英語があまり話せない移民にThis is America. Speak English!（ここはアメリカだ。英語を話せ！）とか、不法滞在者を排除したい人はWe need to protect America's borders!（われわれはアメリカの国境を守らなければいけない！）などと言ったりする。良いときも悪いときも、そんなアメリカ人の愛国心を表す言葉がAmericaだ。

■ アメリカ人が「アメリカ」と言うときは？

ところで、Americaという単語をきちんと辞書で引いたことはあるかな？　『ウェブスター辞典』によれば、第一義として「北米、南米、西インド諸島」とある。でも多くの人、特にアメリカ人は、The United States of Americaを省略したつもりで使っている。また、「アメリカ国民」を指す言葉はAmericanしかない。United Statesian、USAer、USicanのような単語はもちろん存在しない。

なおAmericanは形容詞としても使われる。I like American food.（アメリカ料理が好きだ）とか、That's as American as baseball and apple pie!（あれは、野球やアップルパイと同じくらいアメリカ的だ！）のように。U.S.も時々、形容詞として使われるけど、I have a U.S./an American passport.（私は、アメリカのパスポートを持っている）のように、公的な場面で使うことが多い。

では、日常会話の中で、アメリカ人は自分の国をなんと呼ぶかと言うと、America、the U.S.、the Statesとなる。アメリカ以外に住んでいる人は、the U.S.やthe Statesをよく使う。I have lived in Japan for 10 years, but I'm returning to **the States** this summer.（私は10年間日本に住んでいるが、この夏、アメリカに帰国する）とか、Hey, are you going back to **the U.S.** this summer?（ね

え、今年の夏はアメリカに帰るの？）のように。代わりにAmericaを使うアメリカ人もいないわけじゃないし、もちろん間違いでもない。今度、アメリカ人の友達や同僚がなんと自分の国のことを呼ぶか、ぜひ注意して聞いてみてほしい。

意味の幅が広すぎて
要注意な

訳しにくい
英語

カジュアルな会話や英語の映画やドラマの中でも
よく見たり、聞いたりするのに、
自分では使いこなせないもの、
または、英語の授業では習ったけれど、
英会話の中では、なんとなく
「学校英語で習った意味」が
しっくりこないものを取り上げます。
言葉の感覚を研ぎ澄まそう!

10 | take ～ for granted

-感謝の気持ちが足りない!-

数年前、友達に「ねぇ、『ありがたい』の反対語は何か知ってる?」と聞かれた。なんだろう?「ありがたい＝感謝」だから、「感謝しないこと」?

でも、それは違ってて、「ありがたい」の反対語は、「当たり前」だそうだ。つまり、何かが「当たり前だ」と思ってしまうと、「感謝の気持ち」や「ありがたさ」がなくなるということ。なるほど!確かに。

よく使われる英語の表現 take ～ for granted について、どう日本語に訳したらいいんだろう?とずっと考えていた。「～を当たり前に思う」と訳せるけど、なんだか微妙にニュアンス違うような。

⭕ 「当然だと思う」だけでは物足りない

アメリカ人やアメリカで育った方は、きっと今までこの表現を何百回と聞いたことがあるはずだ。

- Don't **take** being able to eat three meals a day **for granted**!（一日三食食べられることが当たり前だと思わないで!）
- You are **taking** me for **granted**.（あなたは私の存在を当然だと思っている）
- Don't **take** your success **for granted**.（自分の成功を当たり前だと思わないで）
- He is **taking** his parents **for granted**.（彼は親がいて当たり前だと思っている）

この表現は英語の日常会話で本当によく使うので、日本に来てから、どう表したらいいんだろうとずっと悩んでいた。一番近い日本語は、「〜を当たり前に思う」だと気付いたが、なんだか物足りない感はハンパなかった。

　英英辞書でtake for grantedを調べると、こう出ている。
　1: to assume (something) as true, real, unquestionable, or to be expected
　2: to value (something or someone) too lightly : to fail to properly notice or appreciate (someone or something that should be valued)
　Take for granted Definition & Meaning - Merriam-Webster

　この定義を見ると、なぜ「当たり前に思う」という日本語訳が物足りないか すぐに わかるはず。まず1番目の定義を見ていこう。
　1: to assume (something) as true, real, unquestionable, or to be expected （[何かを] 真実、現実、疑う余地のないもの、あるいは予期されるものとして当然に思うこと）
　assumeは、「当然だと思う」とか「思い込む」という意味。つまり、何かがずっと存在することや真実であることを当然だと思っている状態だ。例文をいくつか挙げよう。

- I realized during the COVID-19 pandemic that I had been **taking** many simple things **for granted**.（コロナ禍で、多くのささいなことを当たり前だと思っていたことに気付いた）
- We Americans **take for granted** that we can eat three meals a day.（私たちアメリカ人は、毎日三食食べられることを当然と思っている）
- I have **taken for granted** being able to visit the U.S.

anytime that I want to.（私はこれまで、いつでもアメリカに行けることが当たり前だと思っていた）

- Don't **take** clean drinking water **for granted**.（きれいな飲み水が飲めることを当然と思わないでね）

「当然だと思う」とか「当たり前に思う」という日本語訳は、確かにtake for grantedの大事な部分を表している。だけど、英語のtake ～ for grantedには、「当たり前だと思っていて、感謝の気持ちが足りない」というニュアンスがある。

もう一度例文を見てみよう。

- I realized during the COVID-19 pandemic that I had been **taking** many simple things **for granted**.（コロナ禍で、多くのささいなことを当たり前だと思っていた［＝あまり感謝の気持ちがなかった］ことに気付いた）

- We Americans **take for granted** that we can eat three meals a day.（私たちアメリカ人は、毎日三食食べられることを当然と思っている［＝もっと感謝しなければいけない］）

- I have **taken for granted** being able to visit the U.S. anytime that I want to.（私はこれまで、いつでもアメリカに行けることが当たり前だと思っていた［＝その状況に感謝していなかったことを反省している］）

- Don't **take** clean drinking water **for granted**.（きれいな飲み水を毎日飲めることを当然と思わないで［＝感謝の気持ちを持ってね］）

次に、2番目の定義だ。

2: to value (something or someone) too lightly : to fail to properly notice or appreciate (someone or something that should be valued)（［何かもしくは誰かを］何かを、あるいは誰かを、軽く評価すること：［大切にすべき人もしくは物に］正しく気付けなかったり、評価できなかったりすること）

　つまり、物や人を十分大事にしない、感謝しないということだ。
　辞書では1と2の意味を分けて記載しているが、実際に使うときには1と2の意味を同時に込めて使っていることが多いと思う。そのため、日本語に訳すなら、「当たり前だと思って、感謝の気持ちが足りていないこと」とするのが最も近いだろう。
　ただ、このように訳すと、日本語の日常会話では不自然になってしまう。例えば、アメリカでは奥さんが夫に（逆もあるかも）こんなことをよく言う。

• You are **taking** me for **granted**!

　この発言のニュアンスを日本語にすると、「あなたは、私がずっとそばにいていろいろしてあげることを当然と思っていて、私の存在に感謝してない！」という意味になる。ちょっと長すぎるけどね。

◯ 「当然」と「感謝」は表裏一体

もう少し例文を見てみよう。
• You have got such a great husband! Don't **take** him **for granted**.（あなたにはそんなにすてきなご主人がいるじゃない！感謝しなきゃ）
• I **took** it **for granted** that I would find a job after college.（大学を卒業したら、当然就職できると思っていた）
• I will never **take** going to karaoke **for granted** again.（カラオケに行けることを、もう二度と当然だと思わない）

何かがあることや何かができることが当たり前ではないことに気

付いたら、感謝の気持ちが増す。私はコロナ禍で、特にそれを深く感じた。

　私はカラオケが大好きだけど、コロナ禍では1回も行かなかった。以前はいつでも行けていたので、カラオケがこの世にあることに感謝したことはなかった。この原稿を書いている今はまだ渦中だけど、コロナが収束してカラオケに行けるようになったら、その時にはきっと感謝の気持ちがあふれるだろう。

　よく「今までの『当たり前』がなくなった」という表現を耳にするが、これを英語にすると、I have **taken** so many things **for granted**.（私はこれまで、たくさんのことを当たり前だと思っていた）みたいな感じになる。

　当たり前だと思うと、感謝の気持ちがなくなる。そして、当たり前ではないことに気付くと、感謝の気持ちが増す。こんなふうに、「感謝」と「当たり前」はつながっている。そして、take 〜 for grantedにはどちらの要素も入っている。

〇 「感謝」は英語でなんて言う?

　最後に、日本語の「感謝」を表す英語について少し説明しよう。名詞の「感謝」を英語に訳すと、thankfulness、appreciation、gratitudeなどとなる。動詞の「感謝する」は、to be thankful、to appreciate、to be gratefulなどと言う。

　使い方を見ていこう。

- You should be **grateful** to your parents for all they do for you.（親がいろいろしてくれていることに感謝しなきゃ）
- You don't **appreciate** all they do for you.（あなたは、彼らのしてくれていることに対して感謝の気持ちが足りない）
- I really **appreciate** it. / I am so **thankful**.（とても感謝しています）

- I am so **grateful/thankful** for this opportunity.（こんなチャンスをもらえて、とても感謝しています）
- Do you **appreciate** all that your wife does for you?（奥さんが日々やってくれていることに感謝していますか？）

やっぱり、こうした例文を見ると、改めて「感謝」と「当たり前」のつながりが見える。友達が言った通り、「ありがたい」の反対語は間違いなく「当たり前」です！

◯ コロナ禍で気付いた感謝の気持ち

　2020年に第一回の緊急事態宣言が出た時、登壇を予定していた22件の講演会が中止になった。私は、文章を書くことと同じぐらい人前で話すことが好きなのだ。それまで講演会に出ることをあまりにも当然だと思い過ぎていて、それは大きな特権であるということを忘れていた。

　緊急事態宣言が解除された後、初めて講演会に出た時の喜びを、いまだに忘れられない。喜びで胸がいっぱいになった。

I will never again **take for granted** the privilege to stand on that stage and talk. (あのステージに立ち、話すことができるという特権を、私はもう二度と当たり前だとは思いません）。これからは、ずっと感謝の気持ちを持ちながら講演会をしていきたいと思ってる。時々は、あの不自由だった日々を思い出して、当たり前のようにできていることに対して感謝の気持ちを忘れずにいよう！

11 | upset

- 日本人はなぜ誤訳してしまうのか -

　私が思うに、アメリカ人には「ほどほど」という概念が分からず極端な人が多い。全然食生活を気にしない人がいる一方で、すごく健康に気を付けている人もいる。また、超フレンドリーな人もいるし、すごく失礼な人もたくさんいる。

　言葉づかいも極端だ。アメリカ人がどれだけ love という言葉を使うか知っていますか？　あまりに頻繁に言うので、もはやあいさつのようになっている。「いってきます」「いってらっしゃい」は I love you.、電話を切る時の「じゃあね」も I love you.。それに、I love ice cream.、I love dogs.、I love K-pop.。大切な家族に対する感情とアイスクリームに対する感情を同じ言葉で表すのは面白い。

　私の「極端」は、best と favorite を言い過ぎること。best は「一番の」という意味なので、She's my best friend. と言ったら、「たくさんいる友達の中で、彼女は一番大事な親友だ」という意味だ。けれど、私はいろんな友達のことを She's my best friend! と言いがちだ。favorite にも、best と同じように「数ある選択肢の中、これが一番好き！」というニュアンスがある。けれど、ここでも私に代表されるアメリカ人は、極端な物言いをする傾向がある。

- *Nikujaga*/Sushi/*Nabe* is my **favorite** Japanese food!
（肉じゃが／すし／鍋は、私の大好きな和食です！）

などと毎日言っている。すると私の夫は、いつもこう突っ込んでくる。

- Just how many **best** friends do you have anyway? And how many **favorite** Japanese foods?（一体何人一番の友達がいるの？それに、いくつ一番好きな日本食があるの？）

確かに（笑）。数ある好きなものの中の一つ（好きな人の中の一人）であると言いたい場合は、こんなふうに言う。

- She is **one of** my **best** friends.（彼女は私の親友の一人です）
- This is **one of** my **favorite** Japanese foods.（これは私の好きな日本食の一つです）

「極端度」をレベルアップしたかったら、こんな言い方もある。

- She is **one of** my **best** friends in the whole world.（彼女はこの世で最も仲良しな友達です）
- This is **one of** my **favorite** Japanese foods in the whole world.（これは、この世で最も好きな日本食の一つです）

最近よく感情的なアメリカ人について考えているので、今回は感情を表す「日本語に訳しづらい英語表現」について話そう。

◯ upsetは「怒り」それとも「悲しみ」?

この言葉は、場合によって日本語への訳し方が変わってくる。英英辞書で調べると、次のように定義されている。

to make someone worried, unhappy, or angry

UPSET / meaning in the Cambridge English Dictionary

これを見ると、なぜこの単語が日本語に訳しづらいのかすぐ分かるね。

unhappy（幸せじゃない）

angry（怒っている）

worried（心配している）

この3つの感情を1語で表す日本語はない。そのため、文脈によって訳し方が変わってくる。

例文を見ていこう。

1. She is really **upset** that she failed the university entrance exam. （彼女は、大学入試に落ちてすごく動揺している）

2. She is so **upset** that her boyfriend cheated on her. （彼女は、彼氏に浮気されて相当怒っている）

1. の例文は、「悲しみ」「落ち込み」が強く、「怒り」とか「心配」は薄い状態だ。けれど、2. の例文では、「怒り」や「悲しみ」、「苦しみ」の気持ちも入っている。どちらもイメージとしては「精神的に動揺している状態」で、悲しんだり、泣いたり、怒ったりすること。とにかく、感情や精神が乱れた状態だ。

もうちょっと例文を見ていこう。

- I'm so sorry I **upset** you. （あなたを苦しませて［怒らせて／悲しませて］本当にごめんね）

- I'm really **upset** with you. （本当にあなたに怒っている）

- I'm so **upset** that you lied to me. （あなたにうそをつかれて、悔しい）

angryは単なる「怒り」だけど、upsetは怒りに加えて「悲しい気持ち」や「がっかりする気持ち」が入っている場合が多い。I'm really upset with you. は、「あなたを信用していたのに、私を怒らせたり、裏切ったりしたからがっかりしている、悲しんでいる」みたいなニュアンスだ。

「分かったよ。文脈によって訳し分ければいいんでしょ？」と思うかもしれない。でもこのupsetは、「動揺している」でも「怒っている」でも「悲しんでいる」でも「がっかりしている」でもよさそうに見え、正しい訳と正しくない訳の線引きが難しいのだ。

これが、プロの翻訳家でもupsetは訳すのに苦労すると言われる理由だ。upsetという語には、動揺、怒り、悲しみ、落胆、悔し

さ、といった、負の感情が複雑に入り交じっているため、そのニュアンスにかなりの幅（グラデーション）がある。だから意味をスパッと一言で表せる日本語訳がない。言い方を変えれば、「英語には英語のフレーム（構造）がある」「英語のレンズで物事を見なくてはダメ」と、学習者側に覚悟を決めるきっかけを与えてもくれる。ちょっと面倒だけど、愛しい単語。それが upset だ。

○ upset は人以外にも使える

upset を形容詞にすると、upsetting になる。例文を見ていこう。

- It was a really **upsetting** time in my life. （私の人生において本当に動揺した時期だった）
- It was a really **upsetting** event for the entire family. （家族全員が本当に動揺した出来事だった）

つまり、感情をひっくり返された、いろいろうまくいっていたのに急に気持ちがひっくり返されたという状態だ。このように捉えると、次のような upset の使い方も理解できる。

- The COVID-19 pandemic had **upset** my plans for Christmas. （コロナの感染拡大は、私のクリスマスの予定をめちゃくちゃにした）
- The storm **upset** their plans to go camping last weekend. （嵐で、先週末のキャンプの予定がだめになった）

この場合の upset は、「予想外のことが起きて、予定通り行うことができなくなった」ということだ。

ちなみに、upset stomach という使い方もある。

- I have an **upset** stomach. （おなかの調子が悪い）

直訳すると、「おなかが怒っている」とか「おなかが不安定」ということ。なんとなくどういう感じか分かるよね？

◯ ポジティブな驚きにも使うshock

　ある日、娘が家に帰ってきて、こう言った。「ね、ママ。日本語のショックと英語のshockは違うって知ってた？」。朝から晩まで日本語のことしか考えていない私は、娘の話に興味津々だった。娘はこう続けた。「今日、テストが返ってきて、私は絶対に落ちたと思ってたんだけど、うれしいことに受かってたんだ。それで、友達に『受かった！ショック！』って言ったら、友達が、『え？なんでショックなん？』と言ってきたの。日本語では、うれしい時には『ショック』って言わないんだね！」。

　確かに！　日本語では、「ショック」はネガティブな驚きを表したい時にしか使わない。そして、日本語の「ショック」は英語の名詞のshockよりも、動詞のbe shockedの方が意味が近い。
- I'm shocked my boyfriend cheated on me.（彼氏に浮気されてショックを受けている）
- I'm shocked that I failed my test.（試験に落ちてマジでショック）

名詞のshockを使うとこうなりそうだ。
- My boyfriend cheated on me. It was a huge **shock**.（彼氏に浮気されて、精神的にこたえた）
- I can't believe I failed my test. What a **shock**.（試験に落ちたなんて信じられない。すごいショックだ）

　英語のI'm shocked! は、日本語の「ショック」よりさまざまな場面で使われている。
- I'm shocked that you said that to me.（あなたがそん

なことを言うなんて、信じられない）

- I can't believe I passed my test! **I'm shocked**.（テストに合格したなんて信じられない！びっくりだ）
- **I was** so **shocked** when she came to my wedding.（彼女が私の結婚式に来た時、すごく驚いた）
- **I'm shocked** they broke up.（あの2人が別れたなんて、信じられない）
- **I was shocked** by the death of my father.（父の死は大きなショックだった）

ポジティブ、ニュートラル、ネガティブな使い方があるのに気付いたかな？
- I can't believe I passed my test! **I'm shocked**.→ポジティブ
- **I'm shocked** they broke up.→ニュートラル
- **I was shocked** by the death of my father.→ネガティブ

○ 形容詞 s h o c k i n g の使い方

また、形容詞としても使える。
- It was one of the most **shocking** things that's ever happened to me.（それは今までの人生で最もショッキングな出来事だった）
- It was a **shocking** development.（ショッキングな展開だった）
- It was so **shocking**.（大きなショックだった）

鮮やかなピンクのことを英語で shocking pink と言うが、これは「驚くほどピンク！」みたいなニュアンスだ。

それでは最後に、今回勉強したupsetとshockingを使った例文でおさらいしよう。

- His betrayal of me was **shocking**. I was **upset** for a long time. （彼の裏切りは精神的にこたえた。私は長い間、取り乱していた）
- His **shocking** disappearance was very **upsetting** to his family. （彼の衝撃的な失踪は、家族を非常に動揺させた）

外国語の単語を勉強している中で、例文を見たり、辞書で調べたりしても、よく理解ができない時がたまにあるよね。特に、母語に当てはまる表現がない時、理解するのに時間がかかる。

例えば私は、日本語の「微妙」や「さすが」を理解するのに、すごく時間がかかった。周りの人が使うのを聞いて、分析して、やっと意味がわかってきた。なぜ、なかなか理解できなかったかというと、英語に似たような表現がないから。

そうして、いまだに理解しづらい表現もある。それは「あえて」だ。何回も辞書で調べたり友達に説明してもらったりしたけど、どうやっても「うーん、よう分からん」って感じ。

もしかしたら、upsetもshockも同じように理解しづらいかもしれない。でも、大丈夫！ Don't let it upset you! 頑張れば、いずれネイティブっぽく使えるようになるよ。諦めないで！ 私も「あえて」を使いこなせるようになるまで、頑張ります！

12 | stuff

-「ヤツ」とか「アレ」とか「ソレ」とか-

　昔、Facebookの日本人の友達に向けて「英語で『フライ返し』ってなんて言うでしょう？」というクイズを出したことがあった。いろんな答えが返って来たが、一番気に入ったのは、日本人男性からの「あれって『フライ返し』って言うの？『炒めるやつ』だと思ってた」という反応だった。

　この答えがツボに入ってしまい、一日中笑っていた。確かに「やつ」という日本語はすごく便利で、私も日常会話でよく使う。正式な名前がわからない時や思い出せない時に使う「やつ」「あれ」「それ」に当てはまる英単語は、one、thing、thingy、doohickey、whatchamacallit、thingamajig、thingamabobなど、たくさんある。

- Where's that **thingy** to open the jar?（この瓶を開けるやつはどこだったっけ？）
- Put that **doohickey** in here in this square **thingy**.（この四角いやつの中にそれを入れてね）
- I need that **whatchamacallit** to unlock my bike.（自転車のロックを解除するためにあれがいる）
- That **one** over there.（そこにあるあれ）

　今回は、「やつ」「あれ」「それ」みたいな曖昧な感じで英語ネイティブスピーカーがよく使うstuffとmessについて話したい。この2つはよく日常会話に出てくるので、ぜひ覚えておこう！

⭕ 「物」という意味の stuff

まずは stuff の一つ目の意味は、簡単に言うと「物」だ。特定の物や事柄よりも、漠然と「物」を示す時に使う。

- I have so much **stuff** in my house! I seriously need to declutter. (私の家は物であふれてる！マジで片付けないといけない)
- Don't touch my **stuff**! (私の物に触らないで！)
- You have your own **stuff**, so don't touch mine! (自分のがあるんだから、私の物には勝手に触らんで！)

たぶん、多くの英語圏の子供が、兄弟やクラスメートに最後の文を言ったことがあるだろう。一方、大人がよく使うのは、最初の断捨離についての一文に違いない。

⭕ 「こと」という意味の stuff

stuff のもう一つの意味は、「こと」だ。例文を見てみよう。

- I have a lot of **stuff** to do today, so I'm not going to be able to make the party. (今日は、やらないといけないことが多いから、パーティーには行けない)
- She has a lot of **stuff** going on in her life right now, so she's having a hard time. (彼女は今、いろいろなことを抱えていて、大変な思いをしている)

1文目の stuff は、「やらないといけないこと」という意味。例えば、買い物や通院などで外出したり、子供の送り迎えをしたり、仕事をしたりすることだ。2文目の stuff は、「悩み」や「心配事」といった、少しネガティブなニュアンスがある。

◯ 「いろいろ」という意味の stuff

stuffはこんな使い方もするよ！

- My friend said a lot of mean **stuff** to me yesterday. It really hurt my feelings.（昨日、友人にいろいろ意地悪なことを言われた。本当に悲しかった）

A: What are you gonna do today?（今日は何するの？）
B: I dunno. **Stuff**.（分からん。いろいろ）

アメリカのお母さんと無口な高校生の子供が、よくこんな会話をしてる（笑）。このstuffは、「いろいろ」という意味に近いと思う。

◯ 動詞、形容詞としても

stuffは「〜を詰める」という動詞としても使い、形容詞形もある。今回のテーマである名詞のstuffの意味とはあまり関係がないかもしれないが、面白いので補足しておこう。

- He **stuffed** his hands into his pockets.（彼はポケットに両手を突っ込んだ）
- He **stuffed** all his stuff in the trunk of the car.（彼は車のトランクに荷物を詰め込んだ）
- I have a **stuffy** nose.（鼻が詰まっている）
- I have too many **stuffed** animals.（ぬいぐるみが多すぎる）

ということで、stuffは「物」「こと」「いろいろ」など、さまざまな意味がある便利な英単語だ。使いこなせるとめっちゃかっこいいので、たくさん練習してね！

○「散らかっていること」という意味のmess

もう一つの「物」にまつわる便利な英単語は、messだ。これもほぼ毎日のように会話に出てくる単語だ。一つ目の意味は、「散らかっていること」。私は、子供が生まれてからというもの、1日10回はこの単語を口にしている！

- The house is such a **mess**!（うちがとんでもなく散らかっている！）
- Your room is a **mess**! Clean it up!（あなたの部屋は恐ろしく散らかっている！片付けなさい！）
- Look at this **mess**!（この散らかりようを見てごらん！）
- How can you stand this **mess**?（こんなに散らかっていて、よく我慢できるね）

このmessはstuff（物）があり過ぎることで起こる現象なので、この二つの単語は強くつながっている。

○「掃除する」「片付ける」は英語で何と?

ちなみに、少し前の例文で出てきたように、「片付ける」はよくdeclutterと訳される。clutterは「散らかす」という意味の動詞で、これにde-を付けると、「片付ける」という意味になる。

日本語では、「『掃除』は汚れを取ること」「『片付け』は散らかったものを整えること」みたいに使い分けられるが、英語ではどちらもcleanを使う傾向がある。

- My kitchen is so dirty. I need to **clean** it.（私のキッチンはめっちゃ汚い。掃除しないと）
- I hate **cleaning** the toilet.（トイレ掃除が大嫌い）
- **Clean up** your toys!（おもちゃを片付けて！）

もちろん、厳密に言えば「片付ける」はcleanよりorganize（整頓する）の方が意味的に近いと思うが、子供の散らかし癖に困っている両親は、Hey, can you organize your room? ではなく、CLEAN YOUR ROOM NOW!!!!! と言うのが一般的だろう（笑）。日本語でも、「年末の大掃除」などは「掃除」と「片付け」の両方の意味が含まれているよね。

◎ 「めちゃくちゃ」という意味の mess

messは、物理的に散らかっているという意味だけじゃなくて、精神や感情、状況がめちゃくちゃという意味でも使う。

- My life is a total **mess**.（私の人生はめちゃくちゃだ）
- The whole thing turned into a big **mess**. I don't know how to fix it.（すべてはどうしようもなくめちゃくちゃになった。どう解決したらいいのか分からない）

何かがうまくいかない時、状況が混乱を極めた時によく使う表現だ。「とにかくめちゃくちゃで、どうしたらいいか分からない！」というニュアンスだ。この場合、よくmessの前に形容詞のbig、huge、giant、totalなどが付く。

hot messというスラングを聞いたことはあるかな？　現在の状況や人生が「めちゃくちゃ」だ、という時に使う。

- She's a <u>hot mess</u>!（彼女［の人生］はめちゃくちゃだ！）

◎ 人の見た目を示す mess

そして、人の見た目を示す時もmessを使う。

- Geez, my hair is a **mess**.（うわあ、髪がめちゃくちゃだ）

- The baby's face is a **mess**! Here, let me wipe his mouth. （赤ちゃんの顔がばっちい！ほら、口を拭いてあげよう）

messを形容詞にすると、messyになる。「散らかっている、汚い、汚れている、めちゃくちゃな」など、さまざまな意味がある。
- I can't concentrate when my house is **messy**. （家が散らかっていると集中できない）
- My handwriting is really **messy**. （私の字はめっちゃ汚い）
- It's a **messy** situation. （めちゃくちゃな状況だ）

今回の「めちゃくちゃ」講座はいかがでしたか？　いろんな例文を書き出したら、ほとんどの場合、messは「めちゃくちゃ」、stuffは「こと」「もの」と訳せることに気付いた。状況に応じた細かいニュアンスとさまざまな使い方が分かると、言葉の勉強は面白いよね！　最後に、ここで勉強した単語を全部まとめてみた。

My house is a total **mess** because I have way too much **stuff**. I need to do some serious **cleaning** and **decluttering**, but I have so much **stuff** going on at work right now. My friends tell me I'm a **hot mess**. （物が多すぎて、家の中がめちゃくちゃだ。本格的な掃除や片付けをしなければならないけど、今は仕事が大忙しだ。友人には、あなたはめちゃくちゃだと言われた）

もっと書きたいことはあるけど、My house is a mess! 今から片付けないといけません！

13 | deserve

-それは自業自得でしょう-

　私が子供の頃、マクドナルドのキャッチコピーは、"You deserve a break today" だった。このコピーは長年使われ続けたので、中年のアメリカ人でこれを知らない人はいないと思う。アメリカ人は "You deserve 〜" という表現が大好きだ。

- You **deserve** a break.（休みを取るべきだ）
- You **deserve** to be happy.（幸せになるべきだ）
- You **deserve** the very best in life!（あなたは最高の人生を送るに値する！）

deserveは、このようにポジティブな使い方もたくさんあるが、以下のようにネガティブな使い方もある。

- I don't feel sorry for you at all. You **deserved** it.（気の毒だなんてちっとも思わない。自業自得だ）
- He **deserves** to be unhappy.（彼は不幸せになって当然だ）

「ちょっと待って！　同じ単語なのにすごく良い意味とすごく悪い意味があるわけ？」

　はい、その通りです。今回は、この不思議な、そして日本語に訳しにくい、deserveという単語を解説していこう。

○　ポジティブな使い方

　私は、日本に来てすぐ、日本語になかなか訳せない英単語がたくさんあることに気付いた。例えば I miss you. だ。日本に来たばかりの頃、ホームシックになった。どうしても母親に会いたかった。

ハグしたり、たくさん話したりしたかったけれど、残念ながらできなかった。周りの友達に I really miss my mom. と言いたかったけど、「お母さんに会いたい」と日本語に訳しても、どうしようもなく物足りなかった。「お母さんに会いたくてたまらない！」と言うと結構近いような気もするが、I miss my mom. には、恋しい思い、そして切ない思いが込められている。結局、「お母さんをすごくミスしている！」と勝手に訳してしまった（笑）。

　missと同じように、deserve も、日本語でどうやって言い表せばいいのか、何年も分からなかった。
　例えば、私の友達が一生懸命テスト勉強をして合格通知が届いた時、Wow! I'm so happy for you! You totally deserve it! と言いたいと思った。日本語でどう言うのか友達に聞いてみたところ、deserveは「ふさわしい」と訳すと教えてくれた。けれど、「友達よ！あなたはこの結果にふさわしい！」なんて言ったら、「教科書感がハンパない！」と思われてしまいそうだ。もしかしたら、この場合の一番ふさわしい日本語は、「よかったね！すごく頑張っていたから、そうなる（合格する）と思っていたよ！」「めっちゃ頑張ってたんだから、この結果は当たり前やん！」みたいな感じかもしれない。英語のニュアンスとしては、「頑張ったあなたは、その結果にふさわしい」ということだ。

頑張ったから……You deserve it!
- You studied so hard for the TOEIC test. You totally **deserve** to get a high score. （めちゃくちゃTOEICの勉強してたから、高得点は当然の結果だよ）

苦労したから……You deserve it!
- You suffered so much as a child. You **deserve** to be happy. （子供の時、とても苦労していたから、何よりも幸せ

になってほしい［むしろ、幸せになる権利がある］）

我慢したから……You deserve it!

- He gave up sweets while training for the Olympics. He **deserves** a giant ice cream cone!（彼は、オリンピックのトレーニングのために甘いものを断っていた。だから、バリでかいアイスクリームを食べるべきだ！）

努力したから……You deserve it!

- He trained every day for 10 years. He so **deserves** that gold medal.（彼は10年間毎日トレーニングしてきたので、その金メダルに値する）

英語でよく言う You deserve to be happy. は、「あなたは絶対に幸せになるべきよ！」「あなたには幸せになる権利がある！」、「あなたは幸せになるべき人よ！」「あなたには、幸せな人生しか似合わないわ！」のように、いろんな日本語訳がある。

また、deserve の日本語訳として、「ふさわしい」や「値する」が使われる場合もある。

- He **deserves** to be president.（彼は大統領にふさわしい）
- He doesn't **deserve** to be president.（彼は大統領にふさわしくない）
- I think you **deserve** better.（あなたには、もっといい結果がふさわしいと思う）
- You **deserve** this job.（あなたはこの仕事に値する人だ）

このように、「資格がある」「ふさわしい」「権利がある」「〜するべきだ」「値する」など、文脈によって日本語訳が全然違うので、混乱してしまうかもしれないね。残念ながら、deserve の意味はこれだけでなく、もっとあるよ！

⭕ ネガティブな使い方

　ここでは、deserveのネガティブな使い方について話していきたい。私の母国語が難しすぎて、申し訳ございません……。

You totally deserve it. は、文脈、イントネーション、表情によって意味が変わってくる。
　A: Yes! I passed the test!（やった！試験に合格した！）
　B: You worked so hard! **You totally deserve it!**（めっちゃ勉強したからね！当然の結果だよ！）

　A: My wife left me because I'd had an affair. Then she married another guy.（浮気したから妻に捨てられた。そして、彼女は再婚した）
　B: Sorry, but **you TOTALLY deserved it.**（ごめん、でも、ざまあみろだな）
　後者のdeserveの使い方は、日本語の「バチが当たる」「当然の報いを受ける」に近いと思う。「悪いこと（浮気）をしたんだから、悪いことが返ってくるのは当たり前やん！」みたいな感じだ。

　ちょっと話は脱線するが、この間、私は財布を落としてしまった。拾った誰かが近くの交番へ届けてくれていた。もしアメリカで財布を落としたら、絶対に戻ってこない。なぜ、日本では財布が戻ってくるのだろうか。これにはいろんな理由があると思う。親切心、同情心、そして悪いことをすると「バチが当たる」など。多くの日本人は、親から、きっと一度は「バチが当たるよ！」と言われたことがあるだろう。アメリカでは、「悪いことをしたら駄目だよ！」とは教わるが、「悪いことをしたら自分に返ってくるよ！」

とはあまり言わない。とはいえ、全くそういった考えがないわけではなく You totally deserved that. は、少しこれに近いと思う。

別の言い方で You got what was coming to you. (自業自得だ)もある。

A: I cheated on my wife, so she left me and married another guy. (浮気したから妻に捨てられた。そして、彼女は再婚した)

B: **You got what was coming to you.** (自業自得だね)

deserve に話を戻して、ほかの例文を見てみよう。

A: I cheated on a test, so I got kicked out of school. (試験で不正行為をしたので、退学させられた)

B: Sorry, but I don't feel sorry for you at all. You **deserved** to be kicked out of school. (ごめん、けど同情できない。退学させられたのは当然の報いだよ)

A: During my senior year I didn't study at all. So, I couldn't graduate on time and my job offer was retracted. (4年生の時、全然勉強しなかったから卒業ができなくて、内定が取り消された)

B: Well, you **deserved** to lose your job offer for being so irresponsible. (まぁ、そんな無責任なことをしていたなら、内定を取り消されても自業自得だね)

最後のセリフの「自業自得だね」は、他にも You made your bed, so now you have to lie in it. とか、I guess your irresponsibility came back to bite you. など、いろんな言い方ができる。ということで、ネガティブな You deserve it. は、日本語

の「ざまあみろ」「当然の報い」「自業自得」「当然やろう！」に近い意味だと思う。

◯ 否定形で使うとどんな意味？

最後に I don't deserve it. という否定形について話そう。これは「私にはふさわしくない」という意味になる。

- **I don't deserve** your kindness.（私は、あなたの親切にはふさわしくない）
- **I don't deserve** your love.（私は、あなたの愛情にはふさわしくない）
- **I don't deserve** to have such great friends.（私は、こんな素晴らしい友達にはふさわしくない）

いずれも、感動している時によく言う表現だ。「私は、あなた［のしてくれていること］にふさわしくないのに、言葉がない……」みたいな感じだ。例えば、妻が夫の浮気を許したとする。こういう時、夫は妻に I don't deserve your forgiveness. と言う。許されなくて当然なのに、相手の優しさに深く感動したり、感謝の気持ちがあふれたりしていることを伝える表現だ。

また、不運なことがあった時にも使う。

- Why is this happening to me? **I don't deserve** this misery!（どうして私はこんな目に遭うの？こんなみじめな思いをする筋合いはないわ！）

deserveの使い方は山ほどある。私は英語のネイティブスピーカーなのに、この本を書いている間に、たくさん気付きがあったからね。言葉を勉強すればするほど、奥深さに気付かされる。

14 | thrive

- 褒められて伸びるタイプなんです -

　私は、日本の産婦人科で子供を3人産んだ。出産の後、すぐに「すくすく日記」を渡された。退院するまでの赤ちゃんの成長が分かるよう、赤ちゃんのことを全て記録した。何時に、どのくらいの量の母乳を飲んだか、排尿と排便は1日に何回か、今日の体重は何キロか。この「すくすく日記」は、不安だらけの初心者ママだった私を安心させてくれた。

　退院する日、「『すくすく』ってなんですか？」と助産師さんに聞いた。私は多くの外国人と同じように、ずっとオノマトペに悩まされてきた。日本人みたいに、音とイメージを結び付けることができないので、私にとってオノマトペはただの音だ。だから、オノマトペを覚えるのはすごく大変。これまで何度も間違ったオノマトペを使ってしまい、友達に笑われた。

　私の質問を聞いた助産師さんは、「えーと、『元気で育つ』ってことだよ！」と答えてくれた。なんで「すくすく」が「元気で育つ」という意味になるのか、いまだに全く分からないが、おかげで新しい単語を一つ覚えることができた。

　その時、「すくすく」の英語訳についてあまり深く考えていなかったけれど（そもそも「元気」という言葉はめっちゃ訳しにくい！）、今考えてみると、「すくすく」に一番ふさわしい英語訳はthriveかもしれない。

　読者の中には、「ちょっと待って、アンちゃん！私は学校でthriveという英単語を習ったけれど、『栄える』という意味しか覚えてないよ！」と言いたい方がいるかもしれない。そこで今回は、深い意味のあるthriveについて話そう。

❍ thriveの意味をおさらいしよう

辞書でthriveを調べると、下の定義が出てくる。

1: to grow vigorously: FLOURISH

2: to gain in wealth or possessions: PROSPER

3: to progress toward or realize a goal despite or because of circumstances→often used with on

Merriam-Webster Online Dictionary

1: 元気に成長する （flourish）

2: 富や財産を得る （prosper）

3: どんな状況であっても、もしくはその状況に応じて、目標に向かって前進する、または目標を実現する。しばしば on と一緒に使われる。

❍ 元気に成長する

1の意味を見てみよう。冒頭で話した「すくすく育つ」は、この定義に当てはまると思う。赤ちゃんだけではなくて、誰に対しても使える。「すくすく育つ」「伸びる」「生き生きする」というニュアンスがある。

- My daughter is **thriving** at her new school. （娘は新しい学校でうまくやっている）
- My newborn baby is **thriving** on formula. （生まれたばかりの赤ちゃんは、粉ミルクですくすくと育っている）
- I am totally **thriving** at my new job. （私は新しい職場でめっちゃ伸びている）
- I **thrive** on compliments. （私は褒められて伸びるタイプだ）

- I am **thriving** in Japan. （私は日本ですごくうまくやっている）
- My mother is **thriving** at her new assisted living facility. （母は、新しい介護施設で生き生きしている）

　このI thrive on compliments.（私は褒められて伸びるタイプです）という使い方は知ってた？　褒められるとすごくうれしくなって、やる気が出るタイプっているよね。私はまさにそのタイプだ。

　辞書にあるように、flourishと言い換えることもある。
- My daughter is **flourishing** at her new school.
- I am **flourishing** at my new job.

けれど、日常会話ではthriveの方がよく出てくると思う。例文のように、何かの環境のおかげで成長したり可能性が伸びたりする時に、このthriveをよく使う。

　私がアメリカで通っていた教会では、「Thrive Marriage Conference」というイベントがあった。「結婚生活と『生き生き育つこと』にどんな関係があるの？」と思うよね。日本では、marriage conference（結婚カンファレンス）とか、marriage counseling（結婚カウンセリング）という概念はあまりないと思うけど、アメリカでは結構普及している。結婚生活があまりうまくいっていない時、または今よりうまくいってほしいという時、夫婦のコミュニケーションや関係を改善するヒントをもらうために、こういうカンファレンスやカウンセリングに行く人は少なくない。

　じゃ、「結婚」とthriveはどんな関係があるのか。結婚生活がすごくうまくいっている時、My marriage is thriving.（私の結婚生活は順風満帆です）と言う。めちゃくちゃ仲良くて、2人で成長しているという意味だ。アメリカでは、赤ちゃんや子供だけではなくて、

両親の結婚生活も「すくすく育つ」ことが大事とされている。

このように、1の意味で使われる thrive は老若男女に使える万能な英単語なのだ！

なお、「すくすく日記」は、「A Daily Logbook for a Thriving Baby」と訳してもいいかも。ちょっとドラマチックで小説のタイトルみたいだけど、意味は十分伝わると思う。

⭘ 栄える、繁栄する

では、2の意味を見ていこう。これは日本の学校で主に習う「栄える」「繁栄する」という意味。会社や企業、町などに対して使う。

- This town **thrives** on tourism. （この町は観光で栄えている）
- My business is **thriving**. （私の会社は栄えている）
- The shopping district in that town isn't **thriving**. （あの町の商店街はあまり繁栄していない）

この場合、prosper に言い換えることもできる。

- This town is **prospering** because of tourism.
- My business is **prospering**.
- The shopping district in that town isn't **prospering**.

ハリウッド映画にもなった『スタートレック』(原題：*Star Trek*)の有名なセリフに、"Live long and prosper" というのがある。日本語に訳すと、「長寿と繁栄を」。このシンプルなセリフに、多くの望みが込められていることが分かる。

thrive と prosper は大体同じ意味だが、個人的には、ビジネスの繁栄について話す時には、thrive よりも prosper の方を使う気がする。最近の英語の用法で言うと、prosper という単語には「金銭的

な繁栄」という意味が強いと思う。thrive も金銭的な繁栄を指すこともあるけれど、精神的とか感情的とか、prosper より広い意味で使われる。例えば、He is very prosperous. は「彼はお金持ちだ」という意味だけど、He is thriving. は、必ずしも「金銭的に豊かだ」という意味ではない。

◯ きつい状況を楽しむ、前進する

では、あまり日本人に知られていない3の意味を見ていこう。これはきつい状況を楽しむこと、つらい目にあっても前に進むことを指す。例文を見ていこう。

- He **thrives** under pressure.（彼はプレッシャーに強い）
- She **thrives** on stress.（彼女はストレスとうまく付き合っている）
- Some couples **thrive** on conflict.（けんかを楽しむカップルもいる＝ぶつかるからこそ仲がいいカップルもいる）
- He **thrives** on hard work.（彼はきつい仕事を楽しんでやる）

つまり、普通だとマイナスにとらえられる状況を、逆にいい刺激にしているということだ。特に、I thrive under pressure. という表現はよく耳にする。「プレッシャーがあったほうがいい成績を出せる」という意味だ。仕事でも、締め切りというプレッシャーがあった方がよい結果が出ることもあるよね？

◯ thrive と survive の違いは？

英語に Are you thriving or just surviving? という言い回しがある。日本語に訳すと、「あなたは生き生きしている？それとも、生

きているだけ？」という意味だ。

　surviveには、「生き残る」「生き延びる」「生存する」などさまざまな意味があるが、この文では「なんとかやっている」「辛うじてやっていく」という意味で使われている。「生き生きしている」という意味のthriveと、「なんとかやっていく」という意味のsurviveを並べて韻を踏んでいる。

　同じ意味で使われるsurviveの例文を見てみよう。
A: How's your new job?（新しい仕事はどう？）
B: I'm **surviving**.（まぁ、なんとかやってる）

・Things are hard now, but I'll **survive** somehow.（今はつらいけど、なんとかやっていく）
・I barely **survived** online classes.（私はオンライン授業になんとかついていった）

　今回の「thrive講座」はいかがでしたか。「栄える」「繁栄する」という意味がよく知られているけれど、thriveはもっと深い意味を持つ英単語だ。自分に合った環境にいる時に、すくすくと育つ赤ちゃんに、成功している会社に、仲が良い夫婦に、ストレスやプレッシャーのおかげで伸びる人にと、さまざまな場面で使える、万能な言葉なのだ。

　さて、あなたの英語の勉強は今、どんな感じ？

　Are you thriving or just surviving?

皆さんが、楽しく生き生きと英語の勉強ができますように！

15 | worth

- ありのままのあなたでいてね -

　数年前、私はTEDxFukuokaに登壇することになった。TEDとは、ハイテクから心理学までさまざまな分野の優れたプレゼンがインターネット上で動画配信される講演会のことだ。その準備のために、たくさん本を読んだり、アーカイブを見たりしていた。

　その中でも特に感動したのは、アメリカの有名な研究者のブレネー・ブラウン氏のプレゼンだ。彼女のようにうまいトークがしたいと思った。動画の内容や伝え方に感動したので、周りの日本人の友達にも見せた。ただ、日本語に訳しにくい英語表現がたくさん出てきたので、私ほど感動したかは分からない。

　今回は、その動画 "The power of vulnerability" に出てきた3つの単語、vulnerability、worth、enoughについて話したい。

〇 vulnerableの持つポジティブな意味

　まず、題名に出てくるvulnerabilityから始めよう。英和辞典でこの単語を調べると、一番トップに出てくる意味は「脆弱性」だ。

　脆弱性とは、コンピュータやネットワークのセキュリティに関する用語で、第三者によってシステムへの侵入や乗っ取りといった不正な行為が行われる際に利用される可能性がある、システムの欠陥や問題点のことである。（中略）脆弱性はバルネラビリティ（vulnerability）とも呼ばれ、「攻撃されやすいこと」「攻撃誘発性」などと訳される場合もある。　　　　　　　　　　　*IT用語辞典バイナリ*

「ちょっと待って、アンちゃん。完全に悪い意味じゃん。なんで『脆弱性』についてのプレゼンに感動したの？」と言いたいでしょう？　その前にまず、英語の辞典でvulnerabilityを調べてみよう。

the quality of being vulnerable (= able to be easily hurt, influenced, or attacked), or something that is vulnerable:
> *VULNERABILITY | meaning in the Cambridge English Dictionary*

（脆弱であること［＝簡単に傷ついたり、影響を受けたり、攻撃されたりすること］、または脆弱である何か）

the fact of being weak and easily hurt physically or emotionally
> *vulnerability | Oxford Advanced Learner's Dictionary*
> *at OxfordLearnersDictionaries.com*

（肉体的・精神的に、弱く傷つきやすいこと）

つまり、vulnerability=weakness。「弱さ」を表す単語として知られている単語だ。英語でも、日本語とあまり変わらず、ネガティブな意味を持っている。

日常会話では、名詞のvulnerabilityより、形容詞のvulnerableの方がよく使われている気がする。

- If you don't upgrade your computer's security, it is going to be **vulnerable** to hackers. （コンピューターのセキュリティーをアップグレードしないと、ハッキングされてしまうよ）
- The country's defenses were **vulnerable** to attack.

（この国の防衛システムでは攻撃に耐えられない）

- Children are very **vulnerable** because they cannot take care of themselves.（子どもは自分で自分の面倒をみられないので、とても弱い存在だ）
- You took advantage of me when I was in a **vulnerable** position!（私が弱い立場にいる時に、あなたは私を利用した！）

すべて「弱さ」を表す。そして、「弱さ」はいいことではない。けれど、ブラウン氏が説くvulnerabilityは、精神的に強くなるために「弱さ」を認めてさらけ出すということだ。プレゼンによると、彼女は長年の研究によって、自分のことをさらけ出すとメンタルが安定し、自分を好きになることを発見した、という。

「弱さをさらけ出す」という意味で使われているvulnerable、vulnerabilityの例文を見てみよう。

- Thanks for being **vulnerable** with me! If there is anything I can do to help you, please let me know.（ありのまま打ち明けてくれてありがとう！私に何かできることがあれば、どうか教えてね）
- She really understands me. I can totally be **vulnerable** with her.（彼女は私のことを本当に分かってくれている。彼女になら、なんでもさらけ出せる）
- **Vulnerability** is important for mental health.（自分の弱さを認めることは、心の安定のために重要なことだ）

○ You are worthy.ってどんな意味？

これは直訳すると「あなたには価値がある」となる。日本語だと

あまりピンとこない表現ではないだろうか。日本語では、物に対してはよく「価値がある」と言うが、人に対して「価値がある」という言い方はあまりしない。

worthを物に対して使う場合、例えばこのように言う。
- My house is **worth** $200,000. （私の家は20万ドルの価値がある）
- How much is your car **worth**? （あなたの車はどのぐらい価値があるの？）
- This is **worth** a ton! （これはすごい価値があるものだよ！）
- It was so hard to get into the University of Tokyo, but all the sacrifice was **worth** it! （東大に入ることはすごく大変だったけど、苦労する価値はあったよ！）
- It is so **worth** it. （それだけの価値はあるよ！）

反対に、「価値がない」と言いたいときは、worthless、not worth anything、not worth it などと言う。
- The house itself is **not worth anything**, but the land is worth a ton! （家には全然価値がないけど、土地にはすごい価値がある！）
- I thought this painting was a masterpiece, but it is actually a **worthless** forgery. （この絵は名画だと思っていたけど、実際は価値のない偽物だった）
- It's **not worth** the risk. Don't do it. （そんなリスクを取る価値はないよ。やめた方がいい）

また、人の財産のことを話すときにも worth を使う。
- How much is he **worth**? （彼の資産はいくらですか？）
- What is his net **worth**? （彼の自己資本はいくらですか？）

- He is **worth** $50 million. （彼の資産は5000万ドルです）

You are worthy. は、「ありのままのあなたでいいよ」「愛される価値があるよ」「あなたがいてくれるだけで十分」という意味。つまり、誰かに評価されるために変わらなくてもいい、そのままで愛されることにふさわしい、みたいなニュアンスだ。

特に自己肯定感が低い人は、「こういうふうに変われば、評価されるのでは」とか、「愛されるために、こう変わらなくちゃ」というように、自分の「ありのまま」の姿が不十分だと思いがちだ。そういった考え方に対して、You are worthy. という言葉には、「いや、今のあなたでいいよ。そのままで計り知れない価値があるんだよ」という意味が含まれている。

なお、You are worthyの後には、「of＋名詞」が来ることが多い。
- **You are worthy of** love. （あなたは愛に値する人間だ）
- **You are worthy of** acceptance. （あなたは受け入れられるべき人間だ）
- **You are worthy of** forgiveness. （あなたは許されるに値する人間だ）
- **You are worthy of** her. （あなたは彼女にふさわしい）

逆に、You are not worthy. と否定形で言われることほど、つらいことはないかも。例えば、You aren't worthy of her. には、「彼女の価値はあなたよりよっぽど高いので、あなたは一緒にいる資格がない」みたいなニュアンスがある。

○ enoughの意味も文脈次第

似たような表現に、You are enough. がある。ご存じのよう

に、enoughは「十分な、足りる」という意味だ。

- I don't have **enough** money.（お金が足りない）
- There aren't **enough** hours in the day!（1日24時間じゃ足りない！）
- I have had **enough** to eat. Thank you.（もうおなかいっぱいです。ありがとうございます）
- Many children in the world don't have **enough** to eat.（世界には、食料が足りない子どもがたくさんいる）
- I have **enough** problems! I don't need any more!（問題はもうたくさん！これ以上必要ない！）
- I have had **enough** of your bad attitude.（あなたの態度の悪さにはもううんざり）
- **Enough**!（もういい！＝これ以上聞きたくない！）

では、You are enough. はどういう意味だろうか。「あなたは十分」と直訳してもピンとこないかもしれないが、これも「ありのままのあなたで十分だよ、そのままのあなたで素晴らしいよ」という意味になる。なんてすてきな英語でしょう！

最近、世界中でメンタルヘルスが話題になっている。いろんな有名人が、強くなるために自分の弱さをさらけ出している。これが"The power of vulnerability" の本当の意味だと思う。
　今回勉強した単語、vulnerability、worth、enoughを聞いたことはあったかもしれないが、新しい意味や使い方を学べたかな？この本が皆さんの成長につながるのは、何よりもうれしいです。

16 | compromise

- 慌てて使うとケガする一言 -

　外国語の勉強で悩みの種となるのが、一つの単語にさまざまな意味やニュアンスがあることだ。例えば、大学の授業で学生がお好み焼きの「生地」について話すとしよう。和英辞書で調べるとbatter、dough、cloth、fabricが出てくる。詳しく調べていくと違いが分かるかもしれないが、それでもなかなか理解できないこともあるよね。ちなみに、こんな感じで使い分ける。

- 洋服の生地→cloth、fabric
- ホットケーキ、たこ焼き、お好み焼きなどの水分を多く含んだ生地→batter
- クッキー、パンの生地→dough

そのため、学生が突然 "Put the fabric in the frying pan." と言ってしまったとしても、なんとなく言いたいことは分かる。

　日本語を勉強している私も、同じような問題に何回もぶつかったことがある。その中の一つが、compromiseだ。

　ある日、下の英文の内容を日本語で言いたいと思った。

Compromise is important for a healthy marriage.

　そこで日本語の辞書で調べたところ、compromiseに当てはまる語として「妥協」が一番に出てきた。なので「妥協」と言ってみたが、すぐに「なんか違うな」と感じた。

　その後いろんな人に聞いてみたら、「譲り合い」「和解」が近いんじゃない？と言われた。でも、私が使っている辞書には「譲り合い」などの日本語は出てなかった。困るなぁ。

実は、このcompromiseは、使い方やバリエーションが山ほどある英語だ。今回は、詳しくこの単語を解説していきたいと思う。

○ （二者間で）和解する、妥協する

これは、日本で最もよく知られている意味かもしれない。reach a compromiseで「和解する、妥協する」という意味だ。どちらかというと少しフォーマルで、ビジネスや法律などの話で使われることが多い。

- After their divorce, they **reached a compromise** on the custody of their children. （離婚した後、彼らは子どもの親権について和解した）
- The United States and Russia need to quickly **reach a compromise** on the issue. （アメリカとロシアは、その問題について早く和解するべきだ）
- The two companies finally **reached a compromise** on the details of the contract. （両社は、契約内容についてようやく妥協した）

このような文脈では、reach a settlement、find a solution、reach an agreementも使える。

- After their divorce, they **reached a settlement** on the custody of their children.
- The United States and Russia quickly need to **find a solution** to the issue.
- The two companies finally **reached an agreement** on the details of the contract.

◯ （一人で）「妥協する」のはsettle

日本語では、二者間ではなく一人の場合でも「妥協する」と言う。この場合、英語ではcompromiseではなくsettleを使う。

- She really wanted to buy a red scarf, but since she couldn't find one, she **settled** on a black one. （彼女は、赤いマフラーがすごく欲しかったけど、見つからなかったので、妥協して黒にした）
- I wanted to marry Brad Pitt, but since he wasn't available, I **settled** on my husband. （ブラッド・ピットと結婚したかったが売約済みだったので、妥協して今の夫にした）

一人か二人かに触れずに、曖昧に「妥協」と言いたいときには、compromiseを使うのがいいと思う。

- Life is full of **compromises**. （人生は妥協の連続だ）

◯ 譲り合う、歩み寄る

日常会話で人間関係について話す場合は、「和解する」「妥協する」より、「譲り合う」「歩み寄る」といったよりソフトな言葉が日本語訳としてふさわしい。

- **Compromise** is very important for a happy marriage. （幸せな結婚生活には歩み寄りがとても大切だ）
- Both sides had to **compromise**. （双方が歩み寄らなければならなかった）
- I wanted to have three kids, but my husband only wanted to have one. So, we **compromised** and

decided to have two.（私は３人子供が欲しかったが、夫は１人でいいと言った。そこで私たちは譲り合って、２人の子供を持つことにした）　※この場合、compromisedの代わりにmet halfwayと言ってもいい。

○ （情報などが）流失する

あまり知られていないが、compromiseは「（個人情報などが）流失する」という意味でも使われている。

- I am afraid that your password may have been **compromised**.（残念ながら、あなたのパスワードは流出した可能性があります）
- Yesterday, our company's servers were hacked, and there is the possibility that the personal information of tens of thousands of our customers has been **compromised**.（昨日、弊社のサーバーがハッキングされて、数万人の顧客の個人情報が流出した恐れがあります）

「流出する」という意味では、leakの方がよく知られてるかな。

- The bank information of thousands of customers has been **leaked**.（数千人の銀行情報が流出した）

日常会話で使う機会は少ないが、よくニュースやスパイ映画に出てくる表現だ。スパイ映画を見ているとき、もしYour identity has been compromised. というセリフを聞いたら、「あ、これだ！」と思ってね。「ずっと隠していたスパイの身分が流出した」、つまり「スパイであることがバレた」という意味だ。

○ （評判やイメージを）傷付ける

　この使い方はちょっとマイナーだけど、使いこなせるとかっこいいよ。この意味のcompromisedは、よくreputation（評判）やimage（イメージ）と一緒に使われる。

- His reputation was **compromised** by that scandal.
（彼の評判はあのスキャンダルによって傷付けられた）

　同じ意味でもっと頻繁に使われている言葉に、tarnish（汚す、傷つける）やdamage（損なう、傷付ける）がある。

- His reputation was **tarnished** by that scandal. / His reputation was **damaged** by that scandal.

　take a hit（損失を被る）というスラングっぽい言い方もある。

- His reputation **took a hit** when that scandal broke.
（そのスキャンダルが発覚したとき、彼の評判は傷付けられた）

○ （免疫などを）弱める

　最後に解説したいのは、「弱める」という意味。この意味のcompromiseは、よくimmune system（免疫システム）、immunity（免疫）と一緒に使われる。

- Not getting enough sleep may **compromise** your immune system. （睡眠不足になると、免疫が弱まるかもしれない）
- We have to protect those with **compromised** immune systems. （免疫が弱っている人たちを守らなければならない）

- I am undergoing chemotherapy treatments now, so my immune system is **compromised**.（今、化学療法を受けているので、免疫が弱っている）

これらは全てweakenで言い換えることもできる。
- Not getting enough sleep may **weaken** your immune system.
- We have to protect those with **weakened** immune systems.
- I am undergoing chemotherapy treatments now, so my immune system is **weakened**.

　コロナ禍ではよく「基礎疾患がある人」といった表現を聞いたよね。これは英語で、those with preexisting conditions、those with compromised immune systemsと言う。

　実は、私も免疫の病気がある。大学1年生のとき、故・安倍元首相と同じ病気、潰瘍性大腸炎と診断された。長年良くなったり悪くなったりを繰り返してきたが、最近は落ち着いている。

　数年前、友達に「腸内環境を良くするために、発酵食品を食べてみたら？」と勧められて、みそづくりを始めた。それから4年たつが、以来、一度も潰瘍性大腸炎は再発していない。やっぱり免疫が弱っているときは、みそが最高！

　これからもずっと元気でいるように、免疫を強くしていきたいと思います！── I am going to work hard to strengthen my immune system!

家族について語るときの英語と日本語の違い

I have two sisters.

あなたなら、この文をどう日本語に訳すかな？　私は日本に来てからずっと、「私には姉妹が2人います」と直訳していた。けれど先日、日本生まれ日本育ちの娘に聞いたら、「会話の中では、『三姉妹です』とか『お姉ちゃんと妹がいます』とか『お姉ちゃん（妹）が2人います』の方が自然だよ」と言われたバイ。

ここでは、二つの面白い現象が起きている。まず、日本語で何人兄弟か話す時は、自分を数に加えることが多いようだ。例えば、姉と妹がいるなら、「三姉妹」、弟と妹がいるなら「三人きょうだい」のように。けれど、英語で、How many brothers and sisters do you have? と聞かれたら、I have two sisters. というように、自分を数に入れないで答える（つまり、two sisters + me）。

また、「妹」と「姉」を表す英語は一応あるにはあるが（younger sister, older sister）、あまり使わないような気がする。I have two sisters. は一番オーソドックスな答え方で、もしこの後に相手が、Oh, really? Older or younger? などと聞いてきたら、An older sister and a younger sister. のように答える。英語圏の多くの国では、年齢が関係しない話ならわざわざolder とかyounger と言わなくていいじゃないか、と考えるわけ。

さらに、日本語みたいに、兄を「お兄さん」とか「兄ちゃん」「兄貴」などと呼ぶ習慣はない。兄弟同士では、お互いを下の名前で呼ぶのが普通だ。私には兄がいてマイクって言うんやけど、もしHey, older brother! と呼んだら、妹はどうしたんか？と思われるだろう。

■ 「何人きょうだいですか?」って英語で聞ける?

これ、よく耳にする質問だよね。英語で言えるかな?

その前に、日本語の「きょうだい」という言葉について考えてみよう。「兄弟」は弟、兄を、「姉妹」は、妹、姉を示す単語だ。もしあなたに弟と姉、妹がいたら、合わせて「きょうだい」と言うこともある。英語だと、How many brothers and sisters do you have? が一番自然な聞き方だ。でも How many siblings do you have? もよく耳にする。sibling は、性別や年齢にかかわらず、同じ親から生まれた子供のことを言う。Do you have any siblings?（ごきょうだいはいらっしゃいますか?）などと言う。もちろん siblings を brothers and sisters と言い換えても大丈夫だ。むしろこちらの方が、日常会話にはよく出てくるかもね。

生まれてきた順番を英語で表したかったら I'm the <u>oldest/youngest</u>. とか I'm the middle kid. のように言おう。

英語では、長男、長女、次男、次女、三男、三女みたいな言い方はあまりしない。例えば会社の後継者の話をしないといけない場合、I'm the oldest son. などとは言うけど、日常会話では生まれてきた順番を強調する場面がない。

きょうだいの数と、その中での自分の位置を同時に言いたいときは I'm the oldest of ten siblings.（私は10人きょうだいの最年長だ）などのように言おう。

双子のうちの1人と話していて、Who was born first, you or your brother? と日本語で聞こうとしたことがある。しかし、どうしても brother という単語にこだわってしまい、どう聞けばいいのかわからなかった。けど、この場合、日本語として最も自然なのは、「どっちが先に生まれたの?」「どっちが年上なん?」などで、brother を使わなくていいんだよね。母語から外国語に訳すとき

は、一つずつの単語にこだわらないで、自分が言いたいことの核心をとらえるのが大切ってことだ。

■ 頻出するspouseとあまり見ない「配偶者」

　spouseは日本語の「配偶者」だ。「配偶者」という単語は、主に法律上の関係を表す時、確定申告や職場の手続きの時などによく使う。でも、英語では日常会話でYou can bring your spouse with you to the party.というふうに言う。日本語で「配偶者をパーティーに連れ来ていいよ！」とはまず言わんよね。ご主人を、とか、奥さんを、とか、そういうふうに言うはず。英語でも spouseという単語は少し硬くて、日常会話でそこまで頻出するわけではないが、それでも日本語の「配偶者」よりは使う頻度が高い。

　ところでアメリカでは夫婦で行動することが普通だ。日本に来てすごくびっくりしたことがあったバイ。職場の友達の結婚式に呼ばれた時、式の数日前に「夫と一緒に伺うのを楽しみにしています！」と友達に言ったら、彼女は混乱した表情で、「あれ？旦那さんも来るの？」と。この日私は、すごく大事なことを学んだ。

　日本では、例えば会社の宴会や結婚式に旦那さん、奥さん、子供などを連れて行くことはほとんどない。一方、アメリカでは、会社のクリスマスパーティーや結婚式に、夫婦で行くのは当たり前だ。子供を連れて行くことも珍しくない。

　ただ、最近はアメリカでも、お付き合いの形が変わってきているのでspouseを使う頻度は少なくなっているかも。未婚でいることを決める人たちが増えているし、カップルのあり方もより多様になっている。なので、最近はpartnerという言い方が主流だ。Can I bring my partner with me to the wedding?（結婚式に私のパートナーを連れて行ってもいい？）のように言う。

■ 法律的な意味を持つ形容詞 s p o u s a l

ちなみにspouseは、形容詞形のspousal で使われることも多い。例えば、配偶者用のビザは spousal visa でI need to apply for a spousal visa for my wife.（妻の配偶者ビザを申請しなければならない）のように使う。

またspousal supportという言い方もある。これは、夫婦が離婚する時に、稼ぎが多い方が相手に支払う「扶養手当」や「生活費」のこと。alimonyとも言う。これらは、子供の養育費（child support）とは別物で、よくアメリカの芸能ゴシップで目にする。語源は食べ物や栄養、サポートを意味するラテン語由来のalimoniaだ。

もう一つはspousal abuse。「配偶者への虐待」という意味だ。child abuse（子供への虐待）やspousal abuseなどを総称したものがdomestic violence（家庭内暴力）と言えそうだ。日本語では「DV」と略すけど、英語では「DV」とは言わない。She was a victim of spousal abuse for many years.（彼女は、長年、配偶者から虐待を受けてきた）のように使う。

日本と英語圏では、文化と価値観が違うので、当然訳しにくい英単語がたくさんある。無理やり、英語に一致する日本語訳を探す必要はないけど、かといって日本語で全く説明ができないというわけでもない。

siblingも spouse も似たような日本語の単語はあるけど、意味するところは微妙に違うよね。でも、それでいいんだと思う。その違いを分かった上で、その単語を、相手の理解できる言葉で説明するプロセスを楽しもう。そして伝わることの感動を味わおう。

相手に
誤解されないために
知っておきたい
英文法

ごく基本的なフレーズや
よく目にする言い回しなのに、
会話で使うときには要注意！というものを、
英文法の観点から取り上げます。
相手に嫌な思いをさせたり、
誤解を与えたりせずに、
自分の言いたいことがきちんと伝わるよう、
絶対押さえておきたいポイントです。

17 had better

-これは使うとヤバいやつ!-

　私が一番イラッとする英文法の間違いについて話したい。それは had betterだ。日本人は、これが「〜すべき」という意味だと思っているけど、この表現は、「〜しないとヤバいぞ!(You better do this or else!)」の方が近いと思う。

　「上から目線」に聞こえたり、命令っぽかったりする had better は、要注意だ。例えば、You had better go to the doctor. は、すごく命令っぽい。話す人が言いたいのは、「病院に行った方がいいよ!」なんやけど、ニュアンスは、「病院に行け!今すぐ!わかった?」みたいな感じ。なので、

- Maybe you should go to the doctor.
- I think you should go to the doctor.
- Why don't you get it checked out by the doctor?

みたいなソフトな表現が良い。

　つまり、「should＋動詞」は最も無難だ。Why don't you〜? で薦めてもいい。

- You **should** try that new restaurant! It's awesome! (あの新しいお店に行った方がいいよ!めちゃくちゃおいしいから!)
- You **should** try online English classes! (オンライン英会話をやってみるべきだよ!)
- If your stomach hurts so bad, maybe you **should** try eating gluten free. (そんなにおなかが痛いなら、グルテン

フリーをやってみた方がいいかも）

- **Why don't you** start working out?（運動を始めたらどう？）

　だけど、日本の英語の授業では、なぜかhad betterを「〜したほうがいい」「〜すべき」と習う。つまり、had betterは軽い、そしてshouldはきついというイメージで覚えている人が多いだろうけど、実際は正反対だ。had betterの本当のニュアンスは「〜しないと、あとで痛い目にあうぞ！」「大変なことになるぞ！」みたいな感じ。脅迫めいた、強い命令の意味がある。

⭕ それでもhad betterを使う時とは?

　じゃ、いつhad betterを使うかというと、例えば、相手がものすごく危ないことをしていて、注意しなきゃ！というときだ。積極的に使ってみよう。

- You **had better** stop drinking so much! It's gonna kill you.（飲み過ぎをやめないと！死んじゃうよ）
- You **had better** lose some weight. Your cholesterol is through the roof!（ちょっと痩せないとまずいよ。コレステロールがすごく高いじゃない！）
- You **had better** get serious about studying or you will have to repeat this year. Your grades are terrible.（本気で勉強しないと留年するよ。ひどい成績だよ）

　そして、年上の人が年下の人にとか、目上の人が目下の人に恐怖心を植え付けるのにも使える。例えば、お母さんから子供に。

- You had better do what I say or else!（言うこと聞かんとヤバいよ！）。 ※or elseは「さもないとひどいぞ」という

意味だ。

- You had better think long and hard before you disobey me again. （また私に逆らう前に、よくよく考えた方がいいよ）。 ※ think long and hard は「じっくり考える」という意味になる。
- You had better not do that again. （二度としない方がいいよ、マジで）

または、上司から部下に。

- You had better turn in this report by tomorrow if you want to keep your job. （クビになりたくないんなら、明日までにこの報告書を終わらせないかんよ！）
- You had better not be late! （遅刻したらヤバいよ）

というふうに。結構、きつめの表現だから、気を付けてね！

　最後に、You had better read my book! （私の本を読まないとまずいよ！）と言いたい。もちろんジョークです（笑）。Please check out my book! I think you'll learn a lot! （私の本を読んでみて！きっとたくさん学べるよ！）の方がソフトやろう？

○ might as well：
せっかくだから〜したほうがいい

　shouldは重要な英単語だけど、それしか使えないとなると面白くない。だからあまり教科書に出ない、shouldの言い換えを紹介しよう。

　非常にカジュアルな言い方はmight as wellだ。「○○しないより、〜したほうがいい」「〜するのも悪くない」「せっかくだから、〜したほうがいい」と言う意味がある。特にアメリカ南部英語でよく聞くような気がする。

A: We finally made it to Ise Shrine! Should I buy a good luck amulet? （やっと伊勢神宮に来た！開運お守りを買った方がいい？）

B: **Might as well!** （せっかくだしね！）

- I know that you miss your family, but you finally have the chance to be in Japan. You **might as well** enjoy it! （家族が恋しいのは分かるけど、ようやく日本に来られたんだから。楽しもうよ！）

○ be supposed to〜：〜することになっている

次に、考えられるのがbe supposed toだ。意味は「規則で〜をすることになっている」「以前から決まっていたので、〜すべきだ」など。

A: What should I wear to Career Day today? （今日の就活イベントは、何を着て行くべきかな？）

B: I'm pretty sure you **are supposed to** wear a suit. （スーツを着て行くことになっているはずだよ）

- You are late! You **were supposed to** be home by 11 p.m. （遅いよ！11時までに帰るはずだったでしょう？）
- You **are supposed to** clean your room every week. （毎週、部屋を片付けることになってる）

○ might want to〜：〜したほうがいいかも

might want toもよく使う表現だ。want to が入っているので、「〜したい」となりそうだけど、本当に意味することは「〜したほ

うがいいかも」ということ。

- He is really upset right now, so you **might want to** leave him alone. （彼はすごく怒っているから、そっとしておいたほうがいいかも）
- You really hurt her feelings, so you **might want to** apologize. （すごく彼女を傷付けたから、謝ったほうがいいかも）
- Since you have final exams tomorrow, you just **might want to** study. （明日は期末試験だから勉強したほうがいいかも）

　最後の例文は、アメリカ人が好きな皮肉が入っている。「明日はバリバリ大事な試験やけん、スマホを見るのはやめて少し勉強したほうがいいと思わん？」みたいな感じ。mightを強調すると、さらに皮肉が強くなる。

○ it might be a good idea to〜：ひょっとしたら〜したほうがいいかも

　似たような表現にit might be a good idea to 〜がある。意味は「ひょっとしたら〜したほうがいいかもしれない」ということ。この表現もイントネーションを変えると皮肉っぽくなる。

- He is really mad, so **it might be a good idea to** leave him alone. （彼はめっちゃ怒っているから、ひょっとしたら話しかけないほうがいいかも）
- You really hurt her feelings, so **it might be a good idea to** apologize. （すごく彼女を傷付けたから、ワンチャン謝っといたほうがいいかも）

　あ、ちなみに「ワンチャン」は「もしかしたら、ひょっとしたら」という意味の若者言葉です。

it would be better to～：
～するほうがいいでしょう

　最後に、it would be betterについて。had betterと形は似ているけれど、こちらはソフトに何かを薦める時に使う表現だ。「～する方がいいでしょう」というニュアンス。

- I know that you are really fired up, but I really think **it would be better to** talk to your boss before you do anything.（やる気満々だって分かってるけど、行動する前に上司に相談したほうがいいだろうね）

- I know that you really like him, but I think that since you just met him, **it would be better to** wait a bit before you get married. （彼のことがめっちゃ好きなのはわかるけど、会ったばかりだから結婚はもう少し待ったほうがいいと思う）

　勉強になったかな？　「～すべき」「～したほうがいい」を表す英語の表現は山ほどあるから、全て使ってみたらどう？　ただ、よっぽど必要じゃない限り、had betterを使わないでね！　つまり、It might be a good idea not to use "had better" more than necessary!（もしかしたら必要以上に"had better"を使わないほうがいいかもね！）。

18 | What are you studying?

- 毎年学生を悩ませるこの質問 -

　毎年、授業で学生に What are you studying? と質問する。英語の授業だから、みんな、I'm studying English. と答える。けれど、私が聞いたのは、「今、（この瞬間）何を勉強しているの？」じゃなくて、「この大学での専攻は何？（What are you majoring in at this university?）」ということなんだけどね。

ほかの言い方を見てみよう。
- What did you **study** in college?（大学の専攻は、何だった？）
- What is your son **studying** in college?（お宅の息子さんは、大学で何を勉強されてるんですか？）
- I **studied** linguistics in grad school.（大学院では言語学を勉強した）

　英語は難しいね。けどさ、日本語も、同じようにややこしい表現があるよね。「何で天神に行ったの？」と聞かれた時に、「新しい洋服が欲しかったから（I wanted to buy some new clothes.）」と答えた（天神は福岡市にある九州最大の繁華街）。そしたら相手は、「いや、そういう意味じゃなくて、電車で行ったか車で行ったかっていう交通手段を（How did you get there?）聞きたかったんだけど」だって。うーん、なるほど。やっぱり言葉は難しいね。

◯ 職業を英語で聞くと?

ところで、What do you do? は英語の一般的な表現だ。見た目が似てるけど、How do you do? とも What are you doing? とも全然意味が違う。前者は「はじめまして」で、後者は「何をしてるの?」という意味だ。そして What do you do? は「何の仕事をしていますか?」という意味だ。例を挙げよう。

- What does your husband do? (旦那さんは何の仕事をされていますか?)
- What does he do? (彼の職業は何ですか?)

職業を聞く場合、他にも似たような表現がある。
- What do you do for a living?
- What kind of work do you do?

どっちも「何の仕事をしていますか」という意味だ。What's your job? とか What's your work? などとは、あまり言わない。そんなこと知ってるよー、と思うかもしれないけど、日本語を直訳してついつい言いがちだ。気を付けよう。

◯ 「趣味は何ですか?」を英語で言うと?

言うまでもないことだけど、直訳をすると残念な結果になる時が多い。その例の一つが What's your hobby? だ。そもそも hobby という単語はあまり英語の日常会話で使わない。ちょっと専門的な趣味というニュアンスがあるので、日本語の「趣味」と同じ使い方はしない。場合によってはちょっと「オタク」なイメージがある。切手収集家 (stamp collector) や鉄道オタク (train spotter) などには hobby を使ってもいいと思う。

一方、日本語の「趣味」はほぼ「好きなこと」と同意。学生は授業で趣味について話す時に、listening to music、shopping、reading、sleeping、watching movies などを挙げることが多い。そして私は、Sleeping is not a hobby!! と突っ込む（笑）。

なので、日本語の「趣味はなんですか」に当てはまる英語は、

- What do you like to do in your free time? （休みの日、何をするのが好きですか？）
- What do you enjoy doing in your spare time? （暇な時には、何をして楽しむのですか？）
- What do you usually do for fun? （何をしている時が、一番楽しい？）
- What are you into these days? （最近、何にハマっている？）

くらいがよさそうだ。

これに対する答えは、いろいろある。hobby を聞かれていないので、My hobby is ... で始めるわけではないことに注意しよう。

- I **am taking** piano **lessons**. / I **am learning how to** play the piano. （ピアノを習っています）
- I **love to** read. （読書が大好きです）
- I **like taking** walks with my wife. （妻と散歩するのが楽しみです）
- I'**m really into** K-pop and Korean dramas. （K-pop と韓流ドラマにすごくハマってる）
- I'**m a huge** Shohei Otani **fan**. （大谷選手の大ファンです）

細かいことだが、I like reading books. ではなく、I like reading. と言うのが普通だ。そして相手に「どんなジャンルが好き？」と聞かれたら、novels（小説）、comics（漫画）などと答える。

○ △△派、××党を何と言う?

日本では、趣味の話になったら、よく「あなたはインドア派？アウトドア派？」って聞くよね。これを英語で〜 person と言う。

A: Are you an **indoor person** or an **outdoor person**?
（あなたはインドア派ですか、それともアウトドア派？）

B: I am an **indoor person**. I love chilling out at home.
（私はインドア派です。家でまったり過ごすのが好きです）

あるいは

B: I am an **outdoor person**. I go camping near the river on weekends. （私はアウトドア派です。週末には、川でキャンプします）

〜 person の言い方をもう少し見てみよう。

- Are you a **cat person** or a **dog person**? （あなたはネコ派？イヌ派？）
- I'm not a **coffee person**. （コーヒー党ではない）
- She is a **people person**. （彼女は社交家的な人間だ）
- I am a **morning person**, but my sister is a **night owl**. （私は朝型人間だが、姉は夜型人間だ）

○ 「習い事」を表す英語は?

「習い事」って英語でなんといったら一番いいかなと、実は私も迷っている。lessons、class、practice などはよさそうだ。

- My son is taking piano **lessons**. （息子はピアノを習っている）
- My daughter is taking English **lessons** twice a week.

（娘は週2回英語を習っている）

- I have swimming **class** today. （今日は水泳教室がある）
- I have been taking calligraphy **lessons** since I was 5 years old. （5歳から書道を習っている）
- My daughter wants to take singing **lessons**. （娘は歌のレッスンを受けたがっている）
- My son has soccer **practice** on Friday. （息子は金曜日にサッカーをやっている）
- I have to take my son to basketball **practice**. （息子をバスケの練習に連れて行かないと）

指導する先生がいる場合は、lessonやclassを使ったらいいと思う。地域のスポーツチームと一緒に練習したり、試合に出たりする場合は、practiceをよく使う。

けど、子供の習い事について大ざっぱに話す時は、afterschool activitiesやextracurricular activitiesが良いかもしれない。

- How many **afterschool activities** is your child in? （お宅のお子さんは習い事いくつやっている？）
- I'm so busy shuttling my kids back and forth to all their **extracurricular activities/practices** and stuff. （習い事なんかの送り迎えは大変！）

○ 「部活」を英語でどう言う？

「部活」「クラブ」「サークル」などをアメリカ英語で本当はなんと言うか、見てみよう。基本、スポーツ系ならteam、文化系ならclubと言うことが多い。

- baseball team
- soccer team
- tennis team
- math club
- chess club
- French club

「所属している、部員として活動している」と言いたい場合は、いろいろなバリエーションがある。

- I'**m on the** baseball **team**.（野球部に所属している）
- When I was in high school, I **was on the** basketball and tennis **teams** as well as **in the** chess **club**.（高校では、バスケ部とテニス部とチェスクラブに入っていた）

もう一つのカジュアルな言い方は、以下のようなものがある。

- I **played** tennis in high school.（高校でテニス部だった）
- My son **was on the** high school baseball **team**.（息子は高校の野球部に所属していた）

練習について言う場合はpracticeが一番自然だ。

- Do you have **practice** today?（今日は部活ある？）
- Mom, can you pick me up after **practice**?（お母さん、部活が終わった後、迎えに来てくれる？）
- I don't have **practice** tomorrow.（明日部活はない）

ちなみに、アメリカの学校の部活は、一年中ではなくそれぞれ活動する時期が決まっているので、たくさんの部活をかけもちできる。そこが日本の高校との大きな違いだ。私は、高校にいる間、バスケ、テニス、陸上、バレーボール部に入っていて、フランス語と数学のクラブにも所属していた。日本では部活6つというのはなかなかないけど、アメリカでは少ないほうかも。

19 | I got my hair done.
-髪を切ったのは誰?-

　昨日、久しぶりに髪を切りに行った。私の髪型は、とても複雑なので、切りに行った、という表現では足らない。まず、髪を切って、染めて、最後にハイライトを入れてもらった。

　すごく時間もかかるけど、髪へのこだわりはハンパない。私は、40歳の頃、「晩年反抗期」に入った。ピアスをたくさん開けて、タトゥーを彫って、あっという間にヤンキーになった。そして、2年をかけて色んな髪型をやって、今に至る。

　ちなみに、元々の髪は何色なのか、よく分からない。生まれた時は赤だった。そしてどんどん金髪になってきた。だけど、日本に長く住めば住むほど、どんどん黒くなってる。美容師さんは、毎回ビックリする。日本の水のせいなのか、食事のせいなのか。でもとにかく、心は日本人なので、見た目が心の状態に近付いてきている、ということかな。

○ 「髪を切った」と英語で言うと?

　髪の毛を切ったり、染めたりすることをI got my hair done. と言う。自分でしないで、してもらうことがポイントだ。エクステ、カット、パーマ、カラーハイライトなどをしてもらう時に使う。

　アメリカ人は、よくWhere do you get your hair done? と聞く。つまり、「あなたのヘアスタイル、カッコイイ!やけん、私もそこの美容院、行ってみたいなあ」、みたいなニュアンスだ。

　結婚式や成人式の時にも、美容院に行ったり美容師にセットしてもらったりするけど、その時にもこの表現を使う。

- I **got my hair done** for the wedding. （結婚式用に髪を
  セットしてもらった）
- I'm **getting my hair done** at 9 a.m. （私は午前 9 時に髪
  をセットしてもらう予定だ）

でもこれは、主に女性が使う表現だ。男性の場合は、I got a
haircut.（髪を切ってもらった）の方をよく使うだろう。そして、ネイ
ルサロンで、マニキュアやネイルケアをしてもらう時には、I got
my nails done.（ネイルをしてもらった）と言う。

　注意したいのは、I cut my hair. じゃなくて、I got my hair cut.
か I got a haircut. と言うこと。
　I cut my hair. (×)　※自分で切った場合は OK。
　I got a haircut. (○)
　I got my hair cut. (○)
　I cut my hair と言ったら、自分で自分の髪の毛を切った、とい
う意味になる。だから美容院で切ってもらう時は I got a haircut.
と言ってね。まあ、もし自分の髪を切ったなら、I cut my hair. と
言っていいけど。そして、誰かに、「髪切った？」と聞くときに
は、Did you get your hair cut? か Did you get a haircut? が正し
い。簡単そうで意外と難しいので、気を付けてね。

○「ピアス（の穴）を開けた」はどう言う？

　冒頭で言ったけど、私はピアスだらけだ。この間、12 個目と 13
個目のピアスを開けたけど、まだまだ開ける気満々だ。残念ながら
歳を取るにつれて耳たぶの垂れがひどくなる。そして、開けるス
ペースが少なくなる。
　ちなみに、ピアスは動詞 pierce（[〜に]穴を開ける、[〜を]刺し通
す、突き通す、貫く）から来ている。名詞のピアスは和製英語だ。「耳

にピアスを開けた」を直訳すると、I pierced my ear. になりそうだけど、そうは言わずに、この時も、I got my ear pierced. と言う。I got my hair cut. と同じように、自分でピアスを開けないかぎり、I pierced ... とは言わない。

- I **got my ears pierced** when I was a kid. （子供の時、両耳にピアスを開けた）
- I really wanna **get my ears pierced**, but my mom won't let me. （ピアスを開けたいが、母が許さないだろう）

ただ、この表現は、両耳たぶにピアスを1個ずつ開ける時にしか使わない。これが最もオーソドックスなピアスの開け方だ。私は40歳までそうだったけど、それ以降、いきなりあちこちピアスを開けたくなった。2個以上開けたら、英語は少し変わってくる。

- I want to **get** another **piercing**. （ピアスをもう1個開けたい）
- I want to **get** an industrial **piercing**. （インダストリアル［軟骨］のピアスを開けたい）
- I **got** my belly button **pierced**. （へそピを開けた）
- Just how many **piercings** do you have anyway? / Just how many **holes** do you have in your ears anyway? （いったい、［耳のピアス］何個開いているの？）

I got my ears pierced. は、皮膚科やピアシングスタジオでピアスを開けたニュアンスが強い。もし自分でするのなら、こう言う。

- I **pierced** my belly button with a needle. （針でへそピを開けた）
- I don't have any money, so I am going to **pierce** my ear myself. （金欠だから、自分でピアスを開けよう）

そして、友達に開けてもらう時はこうだ。

- My friend **pierced** my ear for me yesterday.（友達が昨日、ピアスを開けてくれた）

◯ 実はアメリカ人も使い分けが面倒！

とはいえ、アメリカ人もつい面倒くさくて、他人にやってもらってもI cut my hair. とかI pierced my ears. と言ってしまう時はある。私もそうだ。だから、この表現が通じないわけではない。

似た例で、「スーツをクリーニングに出したい」という表現がある。多くの人はI want to clean this suit. と言い間違えるけど、クリーニングするのはクリーニング店だから、正しい英語はI want to get this suit cleaned. となるべきだ。

学校で「○○してもらう」＝「haveまたはget＋目的語＋過去分詞」と教わったことを覚えているかな？　haveとgetは大体同じ意味だけど、強いて言えばhaveのほうがフォーマルで、getは若干カジュアルだ。そして、haveは誰かに依頼しているニュアンスが強い。getは自分で積極的に動いている感じだ。

とはいえ、どっちでもいい時はたくさんある。

- I **had** my teeth **cleaned** yesterday. / I **got** my teeth **cleaned** yesterday.（昨日、歯のクリーニングをした）
- I **had** my laptop **fixed** yesterday. / I **got** my laptop **fixed** yesterday.（昨日、ノートパソコンを修理に出した）
- I need to **have** the air conditioner **repaired**. / I need to **get** the air conditioner **repaired**.（エアコンを修理してもらわないといけない）
- I am going to **have** her **help** me. / I am going to **get**

her **to help** me. （彼女に手伝ってもらおう）

　だけど、ネイティブスピーカーは、I want to have my hair cut. とかI want to have my ears pierced. ではなくI want to get my hair cut / ears pierced. と言いがちだ。

　感覚で瞬時に使い分けられるネイティブと違って、英語学習者はhaveとgetに結構悩まされている。どちらでもいい時もあるし、そうでもない時もあるので、結局あいまいなまま、ということが多い。

　日本語の学習で同じように悩むのは助詞の「が」と「は」だ。どっちでもいい時もあるし、いや、この時は「は」、この時は「が」という時もある。なかなか身に付かないし、なかなか使い分けをうまく説明できない。なんとなく、こっちが自然だけど……としか説明ができない。そして、人によって感覚や使い方は少し違う。

　ちなみに、「が」と「は」を自信を持って使い分けられる時もあるし、ツイッターに何かを投稿する前に子供に確認する時もある。面白いことに、話している時はこうした助詞をあまり間違わないようだ。文章を書く時は、正しく書こうと意識しすぎて、かえってよく分からなくなる。

　まぁ、とにかく楽しく勉強しよう！　haveとget、「が」と「は」を間違えても、通じないことはあまりない気がする。ここで I got some great advice from Anne-chan! と言ってね！　ちなみに、この文でhadは絶対に使わない。やっぱり、英語は難しい……。

20 | drink, drank, drunk

- 飲み用語に強くなる -

　英語で「お酒を飲む」はdrink alcoholと言う。けど、日本語で「お酒を飲みに行こう」ではなくて、単に「飲みに行こう」と言うように、英語でもdrinkだけでお酒を飲む、という意味になることが多い。

　Do you drink? というのは、実はややこしい表現だ。「お酒を飲む？」ともとれるし、「お酒を飲める？」ともとれる。つまり、日本語で言うところの「お酒を飲む？」（お酒を飲む習慣があるか）と、「お酒を飲める？」（体質的にアルコールを摂取できるかどうか）の、どちらも意味することが可能だからだ。

　「飲む／飲むことができる」はI drink.
　「飲みたい」はI want to drink.
　「飲める」はI can hold my alcohol.
　「飲むのが好きだ（お酒が好きだ）」はI like to drink. となる。

　同じように、
　「飲めない（飲まない）」はI don't drink.
　「飲みたくない」はI don't wanna drink.
　「飲むのは好きじゃない（お酒は好きじゃない）」はI don't like drinking.
　「飲むと気持ち悪くなる」はDrinking makes me sick. となる。

　日本語の「飲めない」はとても便利だ。お酒を飲めない、と言ったら、無理やり飲ませることはできない。そうじゃなくて、「飲みたくない」「飲まない」と言ったら、「ええ、なんで？飲もうよ！」

と言われるかもしれない。

　英語では、飲まない人は、I don't drink.（飲みません）と言う。単にお酒が好きじゃない場合でも、アルコールを全く受け付けない人でも、どんな理由もこの3語でカバーできる。

　I can't drink. とは、あまり言わない。すぐ酔っ払う人なら、He can't hold his liquor.（彼は下戸だ）はたまに言う。アレルギーがあるなら、I'm allergic to alcohol. と言う。

お酒にまつわる表現はとても奥が深い。いくつか例文を見よう。
- Do you drink?（お酒、飲める？）
- I am a social drinker.（付き合いで飲む程度です）
- I got really drunk last night.（昨晩、ひどく酔っ払った）
- Don't drink too much.（飲み過ぎないように、気を付けてね）
- You are drunk, so I'll drive you home.（あなたは酔っ払ってるから、車で家に送るね）
- He often goes drinking with his friends.（彼は、よく友達と飲みに行く）
- I quit drinking 10 years ago.（10年前、お酒をやめた）

◎ 「酔っぱらう」の言い方いろいろ

「酔っぱらう」はget drunk
「酔っぱらった」はbe/got drunk
「酔っぱらっている」はbe drunk
「酔っ払い」はdrunk、またはdrunkard
　drunkやdrunkardはかなり強い表現なので、あまり使わない方がいい。日本語の、「酔っぱらっちゃったー！」みたいに、ふざけている時には使わない。

ただし相手を見下したい時には使う。例えばこんなふうに。

- He's nothing but a lazy **drunk**. （彼は、ただの怠けてる
  酔っ払いだ）

　ちなみに日本語の「飲み会」に当てはまる英語はないので、飲み
会の話を英語ですることは難しい。drinking party とは言わない。
大勢で飲む習慣があまりないからだ。割り勘の制度もない。

　日本語の「お酒」は「アルコール」も「ビール」も「ワイン」も
「日本酒」も色んな意味がある。文脈によって意味が変わってく
る。例えば、ビールのテレビ CM を見ている時、最後に「お酒は
20 歳から」というテロップが流れる。この「お酒」はアルコール
の意味だ。けど、「ビールは飲めるけど、お酒は飲めない」と言う
時の「お酒」は「日本酒」を指している。英語でも sake と言った
ら、ほぼ 100 パーセント「日本酒」のことだ。すべてのアルコール
を示したい時には、alcohol と言う。

　仕事が終わった後、少人数で飲みに行く時は、Let's go out for
drinks. と言う。これは、しゃれたサラリーマンやキャリアウーマ
ンがお高めのワインやシャンパンを飲みながら談笑する、っていう
イメージが強い。で、こういう人たちは酔っ払わない（笑）。

　Let's go drinking!（飲みに行こう！）と言うと、酔っぱらった若者
（大学生）が思い浮かぶ。なので、日本語の「飲みに行こう！」
は、「Let's 飲もう」よりも「Let's 食べよう」の表現の方がふさわ
しいかな。

- Let's all go out for dinner sometime. （そのうちみんな
  でご飯を食べに行こうよ）
- Let's get together for dinner sometime. （近々集まっ
  てご飯を食べましょう）

◯ 学校では習わない飲み用語

　ちょっとだけ酔っている、ほろ酔いくらいの時は、buzzedを使う。気分よく、ふわふわしていて、でも普通に話せるって時に使う。ここでやめとけばいんだけどね（笑）。すごく酔っ払っている時にはsmashedやwastedを使う。どっちもスラングだ。普通に言いたい時にはreally drunkでOK。

　ちなみに「キッチンドリンカー」は和製英語だ。当てはまる英語はない。似たような表現にcloset drinkerがある。習慣的な飲酒を周りから隠そうとする人を指す。例文をいくつか見ておこう。

- He's totally **wasted**. Let's call him a taxi. （彼はべろべろに酔っぱらってる。タクシーを呼ぼう）
- You guys are all a little **buzzed**, so I'll drive you home. （みんなちょっと酔ってるから家まで車で送るね）
- He got **smashed** last night, so he has a terrible hangover today. （彼は昨晩めちゃくちゃ酔っぱらって、今日はひどい二日酔いだ）
- He was **wasted** when he got busted for **drunk** driving last night. （彼は、昨日飲酒運転で捕まった時、べロベロに酔っ払っていた）
- Even if you are just a little **buzzed**, you will still get a DUI. （ちょっと酔っているだけでも飲酒運転になるよ）
　※「飲酒運転」はdrunk driving、またはDUI（Driving Under the Influence）と言う。

　ちなみに「急性アルコール中毒」は、acute alcohol intoxicationと言う。intoxicatedはdrunkと同じ意味の法律用語だ。でも、一般の会話でも聞くことはある。intoxicatedの反対語

はsober。全然酔っ払っていないという意味だ。例えばアルコール依存症で長年闘っている人はI have been sober for 10 years.（10年間お酒を飲んでいない［しらふだ］）などと言うことがある。

He drinks like a fish. は「大酒飲み」だ。似たような表現に、He is a heavy drinker. や He is a boozer. がある。

もう一つの面白い表現はbinge drinkerだ。一時に大量に飲む、大酒飲みという意味になる。bingeという単語は「一気」という意味で、お酒、食べ物、そしてドラマによく使われている。

- Many young people **binge** eat when they are stressed out. （多くの若者は、ストレスがたまるとドカ食いする）
- I am a **binge** eater. （私は、むちゃ食いしがちだ）
- I **binge**-watched the entire six seasons of "Sex and the City."（『セックス・アンド・ザ・シティ』の全6シーズン、一気見しちゃった）

もう一つ、面白い表現にBYOBがある。Bring Your Own Beer/Bottle/Booze/Beverage、の略語で、「自分のビール／ボトル／お酒／飲み物を持参してください」という意味だ。ホームパーティーのホストからBYOBと言われたり、招待状にBYOBと書いてあったりしたら、「飲み物は自分で持ってきてね」という意味になる。

⭕ 日本の「飲み会」について思うこと

最後に、ちょっと飲み会について話したい。25年前、初来日した時、私は全くお酒を飲まなかった。というか、それまで飲んだことがなかった。マジで。お酒を一回も飲まないで大学を卒業するなんてすごくない？　お酒を「飲めない」じゃなくて、色んな理由で

「飲みたくない」気持ちが強かった。大学に入るまでちっとも反抗期はなかった。大学に入って、プチ反抗期になった頃があった。その時、「お酒を飲もうかな」「酔っ払いたいな」まで考えたけど、結局やめた。そして、一度もお酒を飲まないで日本に来た。

　だから日本のお酒文化を初めて経験した時はかなりびっくりした。どこに行ってもお酒を勧められた。BBQ、ホームパーティー、カラオケ、食事会、飲み会。私は飲まない人だったから、「結構です。コーラください」と言うと、相当がっかりされた。
　職場の飲み会にあまり行きたくなかった。だって、飲まないし、そんなに食べないのに5000円以上払うのが不満だったから。たまに「飲む人」と「飲まない人」の金額に差をつける場合もあったけど、そもそもこういう「会費」制度はあまりアメリカで経験したことがなかった。日本の集団意識から生まれた習慣だろうけど、バリバリアメリカ人の私は、全然気に入らなかった。どう考えても不公平だ。
　アメリカでは、自分が飲んだり食べたりした分を払うのが普通だ。そんなわけで、ウーロン茶を飲むためだけに5000円を払いたくなかった私は、25年間、ほとんど飲み会に行かなかった。

　初めて飲んだ時のことをよく覚えている。学生と食事に行った時、自分は飲まないと話したら、「先生、カルーアミルクは？　あまりお酒って感じがしないよ」と教えてくれた。初カルーアはパラダイスやった。こんなおいしいものがあると？マジで？私は突然、カルーアミルクマニアになった。
　あれから25年も経った。今では、なんでも飲めるようになったし、飲み会が大好きになった。酔っぱらうのはあまり好きじゃないからそんなにたくさんは飲まないけど、ビールも日本酒もワインも大好きだ。けど、そのために飲み会に行きたいわけじゃない。「飲

みニケーション」の大切さに気付かされたのだ。この独特な日本語のニュアンスはなかなか英語には訳せないけど、友達と同僚と一緒に飲むと、普段できない話ができるし、唯一本音で話していい機会でもなる。

　それから私は、英語に訳しにくい「お酒に飲まれないように気を付けてね！」という表現が好き。これを直訳すると、Don't let the alcohol drink you! になるけど、おかしな英語だ。言いたいことは「酔っ払いすぎて、変な、後悔するようなことをしてしまわないように気を付けてね」だろう。一番近い英語の表現は、Don't drink so much that you do something you regret. とか Don't drink too much. 、Don't lose control. もいいかもしれない。でも、「お酒に飲まれないように」のほうがインパクトは強い。

　日本のお酒文化から生まれてくる日本語の表現はとにかく面白い。私はお酒を飲めるけど、カルーアミルクに飲まれないように日々気を付けている！

21 | Me, too.

-反射神経で使いこなせ!-

　日本人がよく間違える Me, too. について話したい。さて、始めよう!

　A: I wanna go to Disneyland!（ディズニーランドに行きたい〜!）

　B: Me, too!（私も!）

　この Me, too の使い方は、正しい。

　けど、これは違う。

　A: I don't want to do my homework.（宿題したくないなぁ）

　B:（×)Me, too.（私もしたくない!）

　動詞の否定形を使う時、Me, too. じゃなくて、Me either. か Me neither. を使わないといけない。

　「うーん、よう分からん……」と思うのも自然。だって either と neither については、英語圏でも大論争があるから。Me either. はアメリカ英語で、Me neither. はイギリス英語だ、と言っている人もいる。あるいはどっちも間違いで、Neither do I. を使わないといかん!と言っている人もいる。

　まあ、間違ってるかもしれないけど、ほとんどの人（私を含めて!）はどっちかを使ってるし、使っても全然問題ないと思うよ。

　とにかく、こういうふうに答えたらいい。

　A: I don't want to do my homework.

　B: Me either. / Me neither. / Neither do I.

どれを使っても、「私も（したくない！）」という意味だ。とにかく Me, too. はまずい、ということ。

もっと例文を見よう。
A: I totally love baseball! （野球がめっちゃ好き）
B: Me, too. （私も）

A: I'm not really a baseball fan. （野球はあんまり好きじゃない）
B: Me either. （私も）

A: I think I'll go to the festival tomorrow. （明日お祭りに行こうと思う）
B: Yeah, me, too. （うん、私も）

A: I'm not going to go tomorrow. （明日は行かないつもり）
B: Neither am I. （私も）

A: I'm so tired of cooking every day! （毎日、料理をつくるのにうんざり！）
B: Me, too! （私も！）

A: I have been cooking all day long, but I'm not tired of it at all. （一日中料理してるけど、まったく飽きない）
B: Me neither. I love to cook! （私も。料理大好き！）

A: I don't know the answer. （答えが分からない）
B: Neither do I. （私も）

either と neither は、否定的な感情じゃなくて、動詞の否定形に連動しているということは覚えておいてほしい。

◯ 「嫌い」に反応せよ

I don't like ice cream. と I hate ice cream. はほとんど同じ意味だ。まあ、hate のほうが「アイスクリーム大嫌い！」という感じが少し強いけど。

で、意味は同じなんだけど、答え方は違う。

don't like の場合、

A: I don't like ice cream.

B: Me neither.

hate の場合、

A: I hate ice cream.

B: Me, too.

分かったかな？ "don't like" が入った発言に同意するには、Me either. か、Me neither.、または Neither do I. だ。

A: I don't like rock music. （ロックミュージックは好きじゃない）

B: Neither do I. （私も好きじゃない［嫌いだ］）

A: I don't like English. （英語が嫌い）

B: Me either. （私も）

A: I don't like it at all. （これ、好きじゃない）

B: Me neither. （私も）

けど hate に対しては、Me, too. を使う。

A: I like English. （英語が好き）
B: Me, too. （私も）

A: I don't like English. （英語が嫌い）
B: Me either. （私も）

A: I hate English. （英語が嫌い）
B: Me, too! （私も！）
パッと口を突いて出るように、練習してみよう。

〇 「同感」を表すさまざまな表現

　Me, too./Me either./Me neither は一番よく知られているけど、実は「同感」を表す英語の表現はたくさんある。例文を見てみよう。ポジティブな時もネガティブな時も使える。

A: I don't have time to do all my homework. （宿題を全
　部、やる時間がない！）
B: **Same here.** （うん、私も）

A: I haven't had a day off in weeks. I really need a
　vacation. （何週間も働き詰め。本当に休みが必要だ）
B: **I hear ya.** （マジで分かるわ）　※ya ＝ you のくだけた表現。

A: If I am elected, the first thing I will do is make
　university free. （もし当選したら、真っ先に大学を無償化
　する）
B: **Amen to that!** （うん、大賛成！＝そうして！、頼む！）

A: He has seriously gotta be the hottest guy on the planet!（彼はマジでこの世で一番セクシーな男に違いない！）

B: **I totally agree!**（100パーセント同感！）

A: He is the most trustworthy president we have ever had.（彼は今までで一番信頼できる大統領だ）

B: **I couldn't agree more!**（まったく同感だ！）

A: I can't believe he cheated on me!（彼が浮気したって、信じられない！）

B: **I know, right?**（それな！）

チャット用語で使う時、IKRとよく省略される。

A: If I don't break up with him, he will definitely cheat on me again.（もし、彼と別れなければ、絶対にまた浮気される）

B: **No doubt.**（間違いないよ）

　色んな表現を使いこなせると言葉の勉強は楽しくなる。私は特に若者がよく使うI know, right? とNo doubt. が好きだ。

　日本の若者言葉も使いこなせるようになったけど、この間中学生の娘に却下された。この前東京で、私の推し、演歌歌手の真田ナオキに会えて、めっちゃうれしかった。その話を娘にしたら「ママの年齢で"推し"を使ったらだめだよ。"好きな人"と言って！」。ふーん。納得いかんなぁ。

　今度、娘をいじりたい時、中年のママ友と一緒にこういう会話をしようかな。「推ししか勝たんと思わんくなくない？」「それな！」

オニオンブレッドは
玉ねぎパンより美味しそうだ

■ 子育てで気付いた和製英語の数々

　私には娘が3人いる。次から次へと生まれたので、あっという間に家の中はベビーグッズだらけになった。

　特にベビーカーの数はハンパなかった。普通のやつ、折りたためるやつ、2人乗りのやつ、3輪のやつ、チャイルドシートとセットになったやつ……どれだけ要らない物にお金を無駄にしたんだろう？と何度も自問したバイ。それに、おしり拭きを心地いい温度に温めるやつも持っていた。ちなみに、「やつ」はとても便利な日本語だ（笑）。

　ママになった後、いろんなことに気付かされた。育児はバリ大変だということ。赤ちゃんはよう泣くこと。そして、思ったより、私は強いということだ。

　けれど、言語学者の私が一番気になったのは、赤ちゃんグッズを表す外来語がどれほど多いかということだ！
- ベビーカー (stroller / baby carriage)
- ベビーベッド (crib)
- ベビーフード (baby food)
- ベビーチェア (highchair)
- チャイルドシート (car seat)
- ジュニアシート (booster seat)
- マザーバッグ (diaper bag)

こうしたカタカナ語のほとんどは、英語のネイティブスピーカーには通じない和製英語だ。どんな英語が和製英語になるかだけど、基本的に面白くて簡単な単語、と言えそうだ。babyやmother、childは、ほとんどの日本人が知っているので、和製英語になりやすい。

　そして、これらの和製英語の使い方には、一応パターンがある。多くの場合、単独の語では使われない。
　例えば「ベビーカー」や「ベビーベッド」はよく言うけれど、単に「ベビー」とはあまり言わんやろ？　That baby is so cute!を日本語で言うとき、「あのベビーは、超かわいい！」ではなく「あの赤ちゃんは、超かわいい！」と言うよね。あるいは、「ボーイ」「ガール」「ミルク」「マン」「ウーマン」「ワン」といった単語もそうで、あまり単独で書いたり言ったりはしない。「公園で遊んでいる小さいボーイはかわいいね」(The little boy playing in the park is really cute.) とか、「お母さんは、バリ強いウーマンだ」(My mom is a really strong woman.) とか、こんなのは全然聞かないよね。和製英語や外来語はランダムに生まれると思っている人も多いかもしれんけど、実は法則があるバイ。

■ 「オニオン」と「玉ねぎ」の使い分け

　ほかの例を見てみよう。私はパン屋さんでよくカタカナ語を見かける。オニオンブレッド、ミートパン、エッグサンドなどなど、どんなパンかだいたい想像はつくよね。なんで「玉ねぎ」「肉」「卵」と日本語で言わないの？と思ったことはないかな？

　パンは外国から来たものだから、パン用語に外来語が多いのは当然だ。あまり和食のメニューで外来語を見ることはないよね。パン

屋さんだから、なんとなくしゃれとる外来語を使わないといけない、という空気はある。外来語を使う理由は、日本語にない概念を言い表すためでもあるけれど、単に格好いいと思う人が多いからという理由もある。日本語で「玉ねぎパン」と言ってもいいけど、「オニオンブレッド」のほうがしゃれておいしそうなイメージがするやろ？

英語だけじゃなくて、フランス語、イタリア語なども同じ理由でよく使われている。ちなみに 、「パン」は最初に日本語に入ってきた外来語で、ポルトガル語の「pāo」から来たと言われている。ポルトガルの宣教師と一緒に来日したそうだ。

実は日本人が「オニオン」と「玉ねぎ」を使い分けているということに気付いている人は少ないんじゃないかな。日本語では料理名に含まれる時だけ「オニオン」を使っているようだ。

「スーパーでオニオン2個買ってきてくれる？」とか、「オニオンの皮をむく時、涙が出る」と日本語で言ったら、なんとかかぶれ、みたいな変な人だと思われるよね。これらは全て「玉ねぎ」の方が自然だ。つまり日本人は、無意識に外来語や和製英語を使い分けている、ということ。例えばオニオンスープ、オニオンリング、オニオンサラダなどは、オニオンでおかしくないし、むしろオニオンの方が普通だと思える。そしてここでもやはり、オニオン単独ではなく、オニオンなんちゃら、と、他の単語と組み合わせているのだ。

いつカタカナを使って、いつ使わないかについては、他にもルールがありそうだ。例えばファッションや明らかに外国由来のものについては、カタカナでの表現が重宝する。日本古来のものを描写するのにカタカナはなじまない。

よく言われるのは、「台所」と「キッチン」の比較だ。「台所」と

聞くと和風のものを、「キッチン」と聞くと洋風のものを思い浮かべるんじゃないかな。「ライス」はお皿にのせてあるイメージ、「ご飯」は茶わんで食べるイメージだ。

　日本語には外来語があふれている。不思議な外来語はたくさんあるし、考えてみたら、そんなに不思議じゃない外来語もある。
　日本人は義務教育で英語を習うので、単語をたくさん知っている。「日本人は英語が話せない！」とよく言われるけど、英語が分かるからこそ、こんなにたくさんの英語や外来語、和製英語が使われているんだと思うよ。だって、誰も英語が分からなかったら、英語をベースにした和製英語なんて使わないでしょう？
　さらに言えば、日本人が外来語を無意識に操っていることは、言語学者の私にとって相当興味深いことだ。これからどんな不思議な英語が日本に入って、定着するのか、楽しみにしよう。

頭を柔らかくして考えたい
英語に
訳しにくい
日本語

「さすが！」って英語で言いたいのに、
何て言えばいいの？
「アイドル」って英語っぽいけど、
カタカナの意味でそのまま通じるの？
などなど、あなたも経験がありませんか？
ここでは会話に頻出する、
英語に訳しづらい日本語を取り上げます。
頭を柔らかくして考えてみよう！

22

さすが！

-「英訳お手上げトップ3」の一つです-

うちの子たちは、日本生まれの日本育ちだから、日本語はペラペラだ。日本語の環境にいる時間が長いので、家にいるときにはできるだけ英語で話そうとしている。だけど、やっぱり日本語のほうがうまいから、英語の単語が分からないときに、日本語の単語を英文に勝手に入れて、その結果、すごく変な文になる！

例えば……

「Mommy, めいちゃん and I played 外, but her throat was ガラガラ so she went to the 保健室」

なんだこれ！　でも気付いたら私も、こんなことを言ってた。

「Don't 消す it!」

うん。子どもたちだけじゃなく、私の言葉もちょっと怪しくなってきたらしい。

なぜかは分からないけど、日本語の単語の方が便利なときがある。例えば、「駅」「携帯」「水筒」「玄関」。こんな単語を、英語ではほとんど言わない。だから、"Hey, why is your 水筒 in the 玄関?" と言うと、超効率的なのだ。きっと日本に住んでいるアメリカ人の友達は同じような言い方をしているだろう。

翻って、英語で何かを言いたいけど、当てはまる英語がないことはよくある。超、腹立つ!!　でも、どんな言語にも、ほかの言語に訳せない単語があるからね。

なぜか。それは「言葉と文化はつながっている」ということが大きいんじゃないかな。例えば、日本人は和を重んじるために曖昧に

しておくことがあり、その曖昧さを表す表現も当然多いはず。

　それはさておき、ここで話したいのは、英語に訳しにくい単語「さすが」についてだ。まず、「さすが」を漢字で書くとカッコいいよ！　書けますか？　「流石」です。「さすが」は石といったいどういう関係があるんでしょう。分からないけど、分からなくてもよい。とにかくすてきだ！

○　褒めるときの「さすが」

　例えば、私に向かって友達は「さすが、アメリカ人だ！」とか「さすが、大学の准教授だ！」などと言う。これを硬く訳すと次のような感じだ。
- Oh! That is to be expected from you as an <u>American / associate professor</u>.

英語は間違ってないけど、こんなふうにはあまり言わない。
- That is just like you!
- That is something an <u>American / associate professor</u> would do!

うーん。通じるけど、どっちもビミョウ。ぴったり当てはまる英語はないのだ。

　ちなみに、「さすが」は単独でも使うよね。「日本語のスピーチコンテストで優勝しました！」「さすが！」
- I'm not surprised at all! That is just like you.
- That's what I expected!
- It's just like you.
- Yeah, of course, you did!
- You're awesome!

最後の2つくらいが良いように思うけど、それでも、「さすが」
のニュアンスを完全に表せてはいない。

⭕ 事実に納得するときの「さすが」

「さすがに暑い！」。これは、いったいどう訳したらいい？
- It's hotter than I expected!

こんな感じかな。
「さすがに暑いから、上着はいらない」なら、次のように。
- It's hotter than I thought it would be, so I don't need a jacket.

「さすがに遊びすぎたので、そろそろ勉強しなければ」なら、こ
んなふうに。
- So, yeah, I have been having too much fun, so it is about time for me to get to work .
- Now, since I have been goofing around so much, I should probably start studying.

「さすが」に当てはまる単語がないから、英語にするのはすごく
難しい。私自身、「さすが」の意味が分かるまでに、かなり時間が
かかった。なんとなく褒め言葉だと分かったけど、どういう褒め言
葉なのか、どんなふうに使ってほかの人を褒めるのか。そんなこと
が、ずっと分からなかった。分かったあとも、英語にどうやって訳
したらいいかは、迷い続けていた。

⭕ 価値を認めつつ否定する「さすが」

「さすが」は、「良い面がある一方で、良くない面もある」という

ときにも使う。例えば「英語は楽しく勉強しているけど、さすがに発音が難しすぎる」はこう言うかな。

- I am having a blast studying English, but the pronunciation is crazy hard.

そして「冬の北海道はとてもきれいだけど、さすがに寒い」ならこんな感じ。

- Winter in Hokkaido is beautiful, but it is so stinking cold.

次のような使い方もある。「彼は大統領だが、さすがに国の問題は一人で解決はできない」はこう言えそうだ。

- Even though he is the president, he can't solve his country's problems on his own.

もう一つ、「国語の先生でも、さすがにこの漢字は読めない」はこうなる。

- Even Japanese teachers can't read this kanji character.

私は英語のobnoxiousという単語がめちゃ好きなんだけど、当てはまる日本語がなかなかない。「うるさい」と「失礼」と「うざい」を混ぜると、この意味に近くなるんだけどな。アメリカの野球の試合などで、審判に文句を言い続けるファンがいる。「あれはセーフだった！どこを見とるんじゃ！眼鏡を買ってやろうか？」みたいに。こういう人のことを、英語ではThat fan is so obnoxious.と言う。

obnoxiousや「さすが」みたいに、ぴったり当てはまる訳語がない言葉は山ほどある。でもできるだけ、一番近い、一番自然な訳語を考えるのも、言葉の勉強になるよね。頑張ろう！

23

田舎

-「カントリー・ロード」の魔法にかかる-

　告白せんといけないことがある。私はバリバリ田舎者だ。都会に行くたびにドキドキする。人の多さ、にぎやかさ、建物の高さ——東京に行くと、ずっときょろきょろしている。

　田舎者だけど、都会は大好きだ。博多、大阪、東京などに行くたびに、震えながらもワクワクする。おしゃれな洋服を着ている人がたくさんいたり、知らないすてきな匂いが漂っていたり、とにかく刺激的。とはいえ、都会にずっと住みたいとはあまり思わない。いつか有名になって、渋谷でワンルームマンションを借りることができたらいいとは思うけど、やはり田舎が落ち着くんだよね。

　田舎という言葉は、人によって捉え方が全く異なる。この言葉が好きな人もいれば、あまり好きではない人もいるんじゃないかな。先日、島根県の出雲に関する記事を書いたんだけど、その中で、褒めるつもりで「田舎」という表現を使ったところ、友人から「『田舎』という言葉は使わないほうがいいよ。嫌がる人がいるから」と言われた。ええ？そうなの？　ちなみに英語のcountryには、それほどネガティブなニュアンスはない。今回は、英語のcountryとその類語について話そう。

○ なぜ「カントリー・ロード」が人気なのか

　countryにはそれほどネガティブなニュアンスはないと書いたけど、実はそうでもないこともある。日本人が大好きな曲「カントリー・ロード」のエピソードから説明しよう。

　アメリカでは今、この曲を歌う若者はほとんどいない。でも、日

本に来てみたら、老若男女が「カントリー・ロード」大好きなことに仰天した。英語の歌詞が歌いやすいからかな？　そして、「私、出身はバージニアです」と言うと、相手は大抵、「ああ！ウェストバージニア。カントリー・ロードだね！」と反応する。確かに「カントリー・ロード」の歌詞に、"West Virginia, mountain mama / Take me home, country roads"とあるんだけど。「違うよ。私はウェストバージニアじゃなくてバージニア出身！」と言いたい。

　私の故郷バージニア州は間違いなく田舎だけど、自分の中では隣のウェストバージニア州ほどじゃない。ウェストバージニアこそ、ザ・田舎！だよ。うん、そうか、私の中にも少し偏見があるかも。でも、私だけではなく、多くの人がそう思っているはず。田舎と言えば、ウェストバージニアだ（笑）。

　でも、ウェストバージニアに住んでいる多くの人たちは、ウェストバージニアが好きだ。そのド田舎感が大好き。なので、日本語の「田舎」と同じように、言う側と言われた側では、その言葉から感じ取るものが違うのかもしれない。

○ 自信か自虐か？

　自分のことを "I'm a country girl." と言う人はたくさんいる。これは「田舎生まれ、田舎育ちの女性でいて良かった！」というニュアンスだ。また、自信満々ではなく自虐的でもない、ニュートラルな意味合いもある。

- **I'm a country girl**, so I get lost every time I go to the city.（私は田舎育ちで、都会に行くといつも道に迷う）
- **I'm a country girl**, so I like pickup trucks and country music.（私は田舎娘だから、ピックアップトラックとカントリーミュージックが好きだ）

私は田舎暮らしが好きなので、country も「田舎」も、誇りを

持って使っている。ちなみに、私が住む福岡県宗像市は「ちょうどいい田舎」だと思う。この言い方は私が考案しました。なかなか良いでしょう？　日本で最近よく聞く言葉で表現するなら「トカイナカ（都会×田舎）」だ。

　同じ田舎者を指す言葉でも、country girlと違い、country bumpkinやredneckは明らかにネガティブな意味で使われる。

- He's just a **country bumpkin**. He doesn't know much.（彼は実に田舎者だ。何も分かっていない）
- He and his friends are all **rednecks**. They are always getting into trouble.（彼と友人たちは田舎者そのものだ。いつも何かのトラブルに巻き込まれる）

辞書で調べると、日本語での定義は「無学の白人」とある。ハイ、確かにそんな感じです。なので、学のある人が相手をredneckと言ったら、これは強烈な侮辱になる。でも、本人自らが「私はredneck」と言うときは、誇りを持っているかもしれない。どんな言葉も、それを使う人の視点次第ということ。でも基本的には、redneckもcountry bumpkinも侮辱的な言葉と思っておこう。

　一方、countryに住んでいる人がcity folk（都会人）と言うときにも、若干の侮辱を含んでいることがある。

- Y'all are a bunch of **city folks**, so I bet you can't even ride a horse!（あんたたちは都会っ子だから、馬に乗ることすらできないだろうね！）

◯ 田舎とcountryの違い

　ところで「田舎／country」とは具体的にどんな場所を指すか、考えたことある？　私は、日本とアメリカとでは、一般的な「田舎

／country」のイメージが異なるような気がしてる。

　私は大学院にいたときに、現在勤務している北九州市立大学の「ひびきのキャンパス」の面接を電話で受けて合格した。実はその大学がどんな所にあるか知らなかったので、北九州の都会エリアに住む友人に、私の代わりにキャンパスを見に行ってもらったのだ。そして、彼女から報告があった。「バリバリ田舎バイ！」。

　でも、実際にひびきのキャンパスを訪れてみたら、そこは私が思う「田舎」ではなかった。ウシもヤギもいない。住宅もたくさんある。スーパーもホームセンターもあってわりと過ごしやすい、という印象。ただ、鉄道の駅が遠かった。最も近い駅までバスで20分、そして、そのバスは1時間に2本しかなかった。

　そうか。日本人にとっては「田舎＝交通の便が悪い」か。なるほど。つまり、英語で I live in the country. と言うときと、日本語で「田舎に住んでいる」と言うときとでは、話している人が思い描く風景が異なるということだ。英語で I live in the country. と言ったら、必ず「南部なまり、カントリーミュージック、野原、ウシ、ヤギ」などが頭に浮かぶ。

◯ ruralの使い方

　country と似た意味を持つ rural という形容詞がある。意味は、「田舎の、田園の、田舎風の、農業の」。この反対語で、「都会の」を表すのは urban だ。

- I have lived in a **rural** area all my life, so I want to move to a big city after college. （生まれてからずっと田舎に住んでいるので、大学卒業後は大都市に引っ越したい）
- It's a pretty **rural** area, so there are not many restaurants to choose from. （ここはかなり田舎なので、飲食店の選択肢が少ない）

- I live in a **rural** area of Virginia. （私はバージニアの田舎町に住んでいる）
- It's really expensive to live in **urban** areas. （都会に住むのは本当にお金がかかる）
- I like living in Munakata because it is **rural** but close to **urban** areas like Fukuoka and Kitakyushu. It's a super convenient place to live. （田舎ではありますが、福岡市や北九州市のような都会に近く、宗像市での生活は好きです。とても住みよい所です）

○ 「田舎に帰る」はどう訳す？

　英語表現をあと2つ紹介しよう。the booniesはthe boondocksの省略で、「全く何もない所」を表す。boondocksはフィリピンの言葉bundokに由来し、1910年に初めて使われたと言われる。フィリピンに派遣された米兵たちが第二次世界大戦のときに、田舎のエリアを指すのにboondocksを使った。そして、ベトナム戦争のとき、再び米兵たちがサイゴン（現在のホーチミン）以外の所を示すために、boondocksをbooniesに省略したそうだ。

- I live in the **boonies**. There is nothing around my house for miles and miles. （私はど田舎に住んでいる。家の周りは見渡す限り何もない）
- I hate living in the **boondocks**. I want to live in an urban area after I graduate. （へき地に住むのが大嫌い。卒業したら都会に住みたい）

boonies も boondocks も、言う人によってニュアンスが違ってくる。少し見下しているつもりで言う人もいるし、ニュートラルな意味合いで言う人もいるからだ。いずれにしても、「何もない所」という意味だと覚えておこう。

もう一つの似たような表現は、in the middle of nowhere。直訳すると「何もない所の真ん中」。面白いよね。

- I ran out of gas **in the middle of nowhere**. It took two hours for a tow truck to come. （何もない所でガス欠になってしまった。レッカー車が来るまで2時間待った）
- That school is **in the middle of nowhere**. There are only 10 students in the whole school. （あの学校はど田舎にある。全校で生徒が10人しかいない）

　ところで、「田舎」にはもう一つ、自分の故郷や実家という意味もあるね。「田舎」と聞くと、都会と田舎という対比で使われる田舎ではなく、「田舎に帰る」という意味を思い浮かべる人も少なくないかもしれない。この「田舎に帰る」は、「実家に帰る」「帰省する」というふうに言い換えられる。

　これに対する英語として、I'm going back to my home. という言い方を聞く。これは文法的にはおかしくないけど、意味的にちょっとおかしい。なぜなら、今、住んでいる家がhome なので、これでは「帰宅する」という意味にもとれるからだ（ただし、下宿住まいをしている学生は、実家＝home という意識が強いかもしれないので、これでも悪くはない）。

　「実家に帰る、帰省する」と言いたいときには、I'm going back to my parents' <u>home/ house</u>.、あるいはI'm going back to my hometown. が自然だ。私だったら、I'm going to <u>see/visit</u> my mother in Virginia. （バージニア州の母に会いに行く予定です）というふうに言うかな。「実家」とか「帰省」という日本語を英語に訳そうとすると悩んでしまうけど、ちょっと視点を変えれば、なんてことはない簡単な英語で言い表せる。日本語に対しても英語に対しても、頭を柔らかくして向き合うことが大切だね。

24

アイドル

-アイドルがidolを凌駕する?-

　娘はこのところ、K-popアイドルになりたいと言い続けている。朝から晩までK-popを聞いたり、K-popについて熱く語ったりしている。一時期はBTSの大ファンだったが、そのあとはBTSの弟分のENHYPEN(エンハイフン)にはまった。娘が「アイドルになりたい!」と言うと周りの人は笑う。まだまだ子どもだね、と思われていると感じるらしく、娘は腹を立てる。

　「笑わないで!私は真剣なの。これしかないの!」と、アイドルのダンスや韓国語のレッスンを受けたり、将来の韓国生活に向けて無理やりキムチと辛ラーメンを食べたりして、確かに真剣なのだ。

　ところで、この「アイドル」という単語は、和製英語なのか英語なのか、idolと同じなのか違うのか、探ってみよう

⭕ 愛されている人、尊敬されている人

英語の辞書でidolを調べると、次のような定義が出てくる。

an object of extreme devotion　　　　　　　　*Merriam-Webster*
(深く尊敬されているもの)

someone who is admired and respected very much
(深く尊敬されていて、愛されている人) *Cambridge Dictionary*

　この定義から見えるのは、英語のidolと日本語のアイドルと似ているけれど、英語の意味の方が広いということ。英語のidol

は、音楽やダンスで活躍している人だけではなく、広く一般に尊敬されている人を指す。hero に似ているかも。例文を見ていこう。

- My father was my **idol** growing up. I wanted to be just like him. （子供の頃、父は私のヒーローだった。まさに父のようになりたかった）
- My big brother was my **idol**. （兄は私にとって憧れの存在だった）
- Who was your **idol** growing up? （子供の頃、誰を一番尊敬していましたか？）
- He is an **idol** to kids all over the world. （彼は世界中の子どもたちのヒーローだ）

これらは全て、idol を hero に入れ替えられる。

もう一つ似たような単語として、role model が挙げられる。こちらは「手本となる人物、模範的な人間」だ。

- My father was my **role model** growing up. （子供の頃、父は私の手本だった）
- I want to be a good **role model** to others. （私は人の良いお手本になりたい）

◯ マジで神！

idol の動詞形は idolize。日本語で言うと「〜を偶像化する、〜を崇拝する」だ。

- I **idolized** Kobe Bryant when I was a kid. （子供のとき、[バスケットボール選手の] コービー・ブライアントが大好きだった）
- She totally **idolized** her grandpa, so she took his death hard. （彼女は祖父が大好きだったので、彼が亡く

なったときはとても辛い思いをした）
- I totally **idolize** Justin Bieber. （ジャスティン・ビーバーはマジで神）

神がかった、超人的な力を発揮する人を、一時期、「神！」と言ってたね。直訳するとgodだが、英語ではgodは使わない。
- This is the best, seriously. / This is seriously awesome. （これは神だ、マジで）
- You're the best! / You are awesome! / You rock! （あなたは神だ！）

ここでのrockは動詞で「すごい、かっこいい」という意味だ。

○ 神より大切なもの＝idol

idolizeの意味に「〜を偶像化する」とあるのは、idolの意味の一つと関連している。改めて辞書でidolを見てみよう。

a representation or symbol of an object of worship (broadly: a false god): a likeness of something

Merriam-Webster

（崇拝する対象を表すもの［広義には偽りの神を表す］：何かに似せて作ったもの）

a picture or object that people pray to as part of their religion; an object or picture that is worshipped as a god

Cambridge Dictionary

（人々が信仰として祈りを捧げる絵や物：神として崇拝される物や絵）

解釈に多少の違いはあるけど、「偶像」は「神様」を表し、時には「偽物の神様」というネガティブな意味を持つ場合もある。

　多神教を信じている人にとっては全ての神が本物なので、このネガティブな意味での「偶像」は、恐らく使わないだろう。一方、一神教を信じている人の見方は異なる。一神教は、神は唯一と考え、従って、その唯一の神以外の神は原則「偶像」と思われている。これが「偶像崇拝（idolatry、idol worship）」と呼ばれるものだ。そして、一神教では、この偶像崇拝は禁じられている。聖書の十戒の中に、この「偶像」に関する教えがある。

> You shall not make for yourself an idol in the form of anything in heaven above or on the earth beneath or in the waters below. You shall not bow down to them or worship them. (Exodus 20:4-5)
>
> あなたは、自分のために偶像を造ってはならない。上の天にあるものでも、下の地にあるものでも、地の下の水の中にあるものでも、どんな形をも造ってはならない。それを拝んではならない（出エジプト記20：4-5）　　　引用元：『バイリンガル聖書』

　一神教のキリスト教徒は、自分が信仰している神以外の神を拝んではいけないため、日本の宗教的な行事やイベントに参加しない人がいる。神社やお寺で拝まないアメリカ人を見た日本人は、「ええ？私はあなたの神様を拝むけど、あなたは何で私の神様を拝まないの？」と思うかもしれないよね。日本の文化は宗教との結び付きがとても強いから、日本人にとっては、自分の文化が否定されているように見えるかもしれない。宗教は難しいよね。でも、お互いを尊重するような心さえ持っていれば、どんなに考えが違っていても理解はできると信じてる。

idolに戻ろう。キリスト教のidolには、もう少し幅広い意味がある。聖書によると、信者は神を第一とすることが大切で、その唯一の神より大事にするもの全てが「偶像（idol）」だと考えられている。

- My boyfriend has become an **idol** to me. （私は彼氏にぞっこんだ）
- Money has become a huge **idol** in my life. （私の人生において、金は大きな崇拝の対象になった）
- What are the **idols** in your life? （あなたの人生において、憧れの存在はなんですか？）

◯ 日本語の「アイドル」を英語にすると?

さて、ようやく本題（？）だ。世界中の若者たち（若者だけではないかも！）がめっちゃハマっているJ-popやK-popアイドルは、英語でもidolと言うのか？　日本の「アイドル」は、熱狂的なファンに支えられている歌手、俳優、タレントを指す。英語のidolも大体同じ使い方をするが、「アイドルになりたい」をI want to be an idol. とはあまり言わない。idolの前に形容詞を置くのが普通だ。

- Jimin is my favorite K-pop **idol**. （Jimin [ジミン]は私のお気に入りのK-popアイドルだ）
- Justin Bieber is one of the most famous pop **idols** in the U.S. （ジャスティン・ビーバーはアメリカで最も有名なポップアイドルの1人だ）
- The K-pop **idol** industry is booming in South Korea. （韓国でK-popアイドル産業が繁盛している）

idolと同様の意味で、starやsensationなども使う。

- Olivia Rodrigo is a huge **star** in the music world. （オリビア・ロドリゴは音楽界の大スターだ）

- Zac Efron was a teen **sensation** when he made his debut in "High School Musical." (『ハイスクール・ミュージカル』でデビューしたザック・エフロンは、10代の子供たちの間に旋風を巻き起こした）

アイドルグループのことは、よくboy /girl band などと呼ぶ。
- I think One Direction is one of the most famous **boy bands** in history. （ワン・ダイレクションは、史上最も有名な男性アイドルグループの一つだと思う）
- Who is your favorite **girl band**? （あなたが一番好きな女性アイドルグループは？）

　日本と韓国で活躍する「アイドル」は独特な職業だ。アメリカのBackstreet Boys（バックストリート・ボーイズ）、イギリスのOne Direction や Spice Girls などは、日本のアイドルグループと似たような部分があるけど、AKB48や乃木坂46のような、大人数のアイドルグループをアメリカでは見たことがない。
　「アイドル」は和製英語だと思われているが、K-pop がどんどん英語圏に進出しているので、いずれ一般の英単語になる日が来るだろう。同じような現象としては、「コスプレ」「アニメ」「ボディコン」などは元々、和製英語だったけど、英語圏でそのまま使われるようになった。エンターテインメントが世界に与える影響はとんでもなく大きいのだ。

25 | アイデンティティー
-分かりづらいのは理由があって-

　私は、外来語や和製英語が好き過ぎて、朝から晩までそのことばかり考えている。そんな私でも、「アイデンティティー」というカタカナ語を初めて見たときはめまいがした。似たような形の文字が並んでいて、どれも同じに見えたから！

　ちょっと脱線するけれど、私は文字の並びに結構敏感なのだ。新しい元号の「令和」が発表された時は、私は元号より「菅官房長官」というテロップをずっと見ていた。なんという素敵な文字の配列でしょう！　それはさておき、今回は日本語に訳しにくいidentityについて解説しよう。

○ 精神分析用語だったidentity

　identityは、アメリカの発達心理学者のエリク・エリクソンが、20世紀に精神分析の用語として使用した言葉だ。次の定義が一番分かりやすいだろう。

　　1. who someone is : the name of a person
　　2. the qualities, beliefs, etc., that make a particular person
　　or group different from others　　　　　*Merriam-Webster*

　つまり、"Who am I?"（私は誰？何者？）ということ。

　日本語の定義もいろいろ調べた。「自己同一性」「自己の存在証明」などと訳されているが、日本人の友達に、「この意味、分かる？」と聞いたら、「うーん、よう分からんな」とのこと。私が一番分かりやすかったのはこれだ。

「アイデンティティとは分かりやすく言うと、人や会社など『他人から推し測られたものではなく、自分自身という存在に対して自分で定義できる意識を保っているもの』でしょう」

ネイティブキャンプ英会話ブログ

　大事なのは、「自分で定義できる」という部分だ。つまり、自分のアイデンティティーは、自分しか決められない。親や友達、周りの人は手出しできないし、決める権利もないということ。日本人にとって「アイデンティティー」という概念が少し分かりづらいのは、もしかすると、もともと日本に「個人」を押し出す場があまりなかったからかもしれない。

⭕ 性的アイデンティティーへの意識の高まり

　ただ、最近は「性的アイデンティティー」(性自認) に対する意識が高まってきたことで、identity という言葉も身近なものになっている。

- **Gender identity** is something that can only be decided by the individual. （性的アイデンティティーは、自分自身にしか決められないものだ）
- What's his **gender identity**? （彼の性的アイデンティティーは何？）
- **Gender identity** is a controversial issue in professional sports. （性的アイデンティティーは、プロスポーツの世界で物議を醸す問題になっている）

　日常会話では、名詞の identity よりも動詞の identify の方をよく使う気がする。動詞として使われている identify は、特に日本語に訳しにくい。名詞の identity が動詞化したのは、割と最近のことだ。

- Her child was born female, but now she **identifies** as male. （彼女の子どもは女性として生まれたが、今のアイデンティティーは男性だ）
- She **identifies** as nonbinary. （彼女のアイデンティティーは、ノンバイナリーだ）

　ちなみに、「ノンバイナリー」とは、「自分の性認識に男性か女性かという枠組みを当てはめようとしない考え方」とされている。ノンバイナリーの場合、代名詞はsheやheではなく、単数でもtheyで受ける。文法的には違和感があるかもしれないが、本人の性的アイデンティティーを尊重するために、theyを使うのは正しいと思う。このように、性的アイデンティティーによって代名詞が変わるので、What are your pronouns?（あなたの代名詞はなんですか？）という質問の仕方も、このところよく耳にする。

◯　今、話題の「文化盗用」って何？

　identify は、ジェンダーの話をする時だけに使うとは限らない。2021年にイギリス出身のインフルエンサーのオリ・ロンドンさんは、自身のSNSで"I identify as Korean."と発表した。つまり、国籍上はイギリス人だけど、心は韓国人だという意味だ。ロンドンさんは韓国出身の人気グループ、BTSのジミンさんが大好きで、彼になりたくて、大金をかけて整形した。
　これに対し、「確かにアイデンティティーは自分しか決められないことだけど、文化的なアイデンティティーまで自分で決めていいわけ？」と批判する声が上がった。他の文化の何かを取って、不適切な形で自分の物にすることを、cultural appropriation（文化盗用）と言い、最近、英語のニュースでよく聞く言葉だ。
　同じように、ドレッドヘアをしたジャスティン・ビーバーや、着

物を着てパーティーに来たアメリカ人の女の子が、ネット上で「文化盗用だ」と批判を受けたことがあった。

- Justin Bieber was accused of **cultural appropriation** when he wore his hair in dreadlocks. （ジャスティン・ビーバーがドレッドヘアにしたとき、文化盗用だと非難された）
- I don't think it is **cultural appropriation** if you wear a traditional Japanese kimono to the party. （あなたが日本の伝統的な着物を着てパーティーに参加しても、それが文化盗用だとは思わない）

一方で、こうした行為を文化盗用だと思っていない人もたくさんいる。「他の文化のものを好きになって、自分のものにしようとすることは、とてもよいことではないか」という考え方だ。

○「自己喪失」「自分探し」って英語でなんて言う?

　私は、コロナパンデミックの間、テレビで「マスクをしたくない」と反発しているアメリカ人を見た時、「何やってんの?」と腹立たしく思った。母国のアメリカが徐々に遠いものになり、反対に日本の集団意識や思いやり精神がどんどん身近なものになってきた。「アイデンティティー」の観点から言うと、以来、日本人の考え方と価値観に近付いてきている気がする。

　ただ、私は完全にアメリカ人でもないし、日本人でもない。自分のことがよく分からなくなってきている。このような状態を、英語でidentity crisisと言う。「アイデンティティーの危機」「自己喪失」「自己意識の危機」「アイデンティティー迷子」など、いろいろな日本語訳がある。

　これも発達心理学者のエリクソンが広めたとされる概念だが、当初は主に10代の若者が直面することの多い、「自分は誰?」「なぜこ

こにいる？」といった不安を指していた。自分自身や生きがいを見失う若者は多いが、10代だけでなく、誰だって、いつ identity crisis に陥ってもおかしくない。

- My son is having an **identity crisis**. He has no idea who he is or what he wants to do. （息子はアイデンティティーの危機に瀕している。自分が何者なのか、何をしたいのかが分からない）
- I am in the middle of an **identity crisis**. （私はアイデンティティーの危機の真っただ中にいる）
- I have been going through an **identity crisis** for the last two years. I don't know who I am anymore. （この2年、自己喪失を経験している。自分は何者なのか、もうよく分からない）

また、中年の時期に陥る identity crisis は、midlife crisis（中年の危機）と呼ばれて、アメリカではよく聞く。

- My husband is going through a **midlife crisis**. I am really worried about him. （夫は、今、中年の危機を迎えている。本当に心配だ）

日本で「自分探し」という言葉が流行して久しいが、これは英語で find oneself と言う。

- I decided to take a year off before college to go backpacking in Europe to try to **find myself**. （大学入学前の1年間を休学して、自分探しのためにヨーロッパをバックパッカーとして旅することにした）
- I've been trying to **find myself** for the last two years. （この2年間、自分探しをしている）

たとえ今すぐ自分を見つけられなくても、「私は私のままでいい」という自己肯定感が必要だ。「自己肯定感」はself-esteem と言う。

- He has a high/low sense of **self-esteem**.（彼は自己肯定感が高い／低い）

　日本は従来「皆と一緒であること」を重んじる文化だったので、自分が何者かを突き詰めて考える機会がなかったように思う。けれどこのところ、うれしいことに、魅力的な集団意識（思いやり、気遣いなど）を保ちながら、一人一人のアイデンティティーを大事にする文化に変わりつつあるように感じる。誰もが「ありのままの自分」を受け入れられる社会になることを信じている。

　私もいずれ、私自身のidentity crisis から脱出するだろう。自分が日本人なのかアメリカ人なのか決めなくても、アンちゃんはアンちゃん。それでいいのだ！

迷惑

-日本人の心を知る大事な言葉-

　アメリカ人から「日本人の心を知るために、一番大事な単語はなんですか？」と聞かれたら、私は「我慢」「遠慮」「迷惑」「思いやり」と答えると思う。4つとも日本人にとってすごく大事な概念で、日本人の世界観から生まれた単語だ。なかなか英語に訳せない。ここでは、よく耳にする「迷惑」という言葉を解説していこう。

○　日本とアメリカの「迷惑意識」の違い

　幼い頃から、耳にタコができるほど「他の人の迷惑にならないように」と言われてきた方は多いのではないだろうか。日本人は集団意識が強く、自分より相手を優先して行動することが多い。「他人の人生を邪魔しないように行動しよう」という考えも強い。

　一方、アメリカは個人を大事にする文化なので、日本人ほど他人の目を気にしたり、相手にとって何かが「迷惑」かどうかを考えたりすることは少ない気がする。アメリカ人がわがままで自分のことしか考えず、相手のことはどうでもいいのだ、と言いたいわけではない。ただ、日本人が「これは明らかに迷惑だ！」と感じる事象でも、アメリカでは「あれ？これって迷惑にあたるの？知らなかった！」と受け取られる場合がある。つまり、アメリカ人の「迷惑意識」は日本人より低いのだ。

　日本語の「迷惑」は文脈によって訳し方が変わってくるので、これからさまざまな表現を紹介していこう。

　「迷惑を掛ける」という表現を多言語辞典（Bravolol online dictionary）で引くと、

- to cause trouble (for someone)
- to annoy
- to bother
- to inconvenience

といった英語表現が出てくる。

○ 〜を困らせる

まず、cause trouble を見ていこう。下記の文章は、よく反抗期の少年少女に対して使う表現だ。

- He is **causing** his parents so much **trouble** these days. （彼は最近、両親をすごく困らせている）
- She is **causing** a lot of **trouble** at school. （彼女は学校でいろんな問題を起こしている）
- His temper is **causing** a lot of **trouble** to the people around him. （彼は短気で、周囲にひどく迷惑を掛けている）

cause trouble には、「迷惑を掛ける」「困らせる」「問題を起こす」のようにさまざまな意味がある。

○ 〜をイライラさせる

では、次は annoy の -ing 形を見ていこう。どちらかと言うと、「迷惑を掛ける」というよりは、「イライラさせる」という意味の方が近い。例えば、ずっと頭の周りを飛んでいるハエのイメージだ。「迷惑」ほど強い意味はない。次のように使う。

- My little brother is so **annoying**. He is always talking to me. （弟がマジでうざい。いつも私に話し掛けてくる）
- That fly is really **annoying** me. （あのハエには本当にイライラさせられる）

- Oh, man, that song is so **annoying**! I am so sick of it!
（あの曲、うっとうしいなぁ！聞き飽きた！）

○ 〜の邪魔をする

bother は annoy に近いニュアンスで、annoy と入れ替えて使える場合もある。
- You are really annoying me. = You are really **bothering** me.
- My brother has been annoying me all day. = My brother has been **bothering** me all day.

bother には「邪魔をする」という意味もある。
- I'm trying to study! Stop **bothering** me!（今、勉強しようとしてるから！邪魔しないで！）

そして、「迷惑を掛ける」と訳せる場合もある。
- I'm really sorry to **bother** you.（ご迷惑をお掛けし、本当に申し訳ありません）

○ 〜に不便を掛ける

最後に、inconvenience を見てみよう。inconvenience（不便）は、convenience（便利）の反対語だ。形容詞形は、それぞれ inconvenient（不便な）と convenient（便利な）だ。inconvenience は、「不便を掛ける」という動詞としても使う。
- I am really sorry to **inconvenience** you.（ご不便をお掛けしまして、誠に申し訳ありません）

ただこれはとても硬い表現で、あまり日常会話では使わない。

○ 「迷惑を掛けるな!」「ご迷惑をお掛けします」を英語で言うと?

「アンちゃん!じゃあ、結局『迷惑を掛けるな!』って、いったいどうやって英語に訳すの?」という声が聞こえてきそうだ。

残念ながら、日本語の「迷惑」が表す概念にぴったり合う英語表現を1つに決めることはできない。これまで紹介してきた表現を使うと、「彼に迷惑を掛けるな!」は、

- Don't bother him!
- Don't cause him any trouble!
- Don't inconvenience him!
- Don't be a bother!

のように言うことができる。しかし、日本語ほど頻繁に使う表現ではない。

多くの日本人は他人のことを優先して行動する。その結果、何かをする前に、無意識に「私の行動は、相手に嫌な思いをさせないかな?迷惑を掛けたりしないかな?」と考える。

私はたまに、街でファンや読者に声を掛けられることがある。けれど、話し掛けてくる人より、何も言わずに私をじっと見つめてくる人の方が多い。プライベートで話し掛けるのは迷惑だろうと思っているのだろう。

勇気を出して声を掛けてくれた方でも、まず「プライベートな時間をお邪魔して申し訳ありません!」みたいに切り出す。もちろん、アメリカ人の私は、ファンと話すことが大好きなので、まったく迷惑だと思っていないが、日本人がそう言いたくなる気持ちはよく分かる。

では、こういうとき、英語でなんと言えばよいだろうか。

- I'm really sorry to **bother** you, but can I take a

picture with you? （ご迷惑をお掛けして本当にすみませんが、一緒に写真を撮ってもよろしいですか？）

- I wonder if I would be **bothering** her if I called her now. （今、彼女に電話したら、迷惑かな）
- You can't play the piano after 9 p.m. because it would **bother** the neighbors. （近所迷惑だから、午後9時以降は絶対にピアノを弾いたらだめだよ）

◯ 「迷惑メール」は英語で何と言う？

　訳のわからない、知らない人から頻繁に来るメールに「迷惑メール」という名前が付いていることからも、日本人にとって「迷惑」という言葉がどれほど身近かが分かる。こうしたメールが「迷惑だ」と言いたいときには、botherやannoy、inconvenienceを使っても全然構わない。しかし、名詞として「迷惑メール」をbothersome mail、annoying mail、inconvenient mailなどとは言わない。

　英語で「迷惑メール」は、junk mailと言う。直訳すると、「くずメール」。とにかく、「くず」「いらないもの」みたいなニュアンスだ。アメリカの国民性に合う表現だなとよく思う。

- I'm getting a lot of **junk mail** these days. （最近、迷惑メールが多い）
- For some reason, your message went into my **junk mail** folder, so I just now found it. （なぜかわからないけど、あなたからのメールが迷惑メールフォルダに入っちゃって、今気が付いた）

27 | 縁

-「私は無宗教」って言うけれど-

　日本人はよく「自分は無宗教」と言うが、スピリチュアルなものに関心がある人は多いと思う。オーラ診断とか星座占いとか、大ブームだ。日本では占いと「宗教」は別物と考えられるけれど、アメリカでは、これらは「ニューエージ」的なものとして、全部宗教のカテゴリーに入れられる。もちろんアメリカにも占いなどが好きな人はいるけれど、日本ほど一般的ではない。さらにアメリカではオーラの話を一度も聞いたことがない。

　同じように、日本人の意識に密着している「神道」も、いわゆる宗教という感じはあまりない。「神道」という単語や漢字を知らない学生もいる。けれど、「日本の神様だよ！神社だよ！」と言ったら、「あ、なるほど！」みたいな返事が来る。神道や仏教があまりにも日常生活に浸透し過ぎて、何をもって宗教というのか、よく分からなくなっている。

　私はよく「あなたの前世は日本人だよ！」と言われるが、「前世」という概念は、キリスト教徒が多いアメリカではあまり知られていない。友達が、「『前世が日本人だ』っていうのは、『あなたは日本に縁があった』ってことだね」と教えてくれた。「縁」。アメリカ人の私にとって、すごく不思議な単語だ。

　「縁」の意味をよく分からずにfateと訳したら、友達から、「いや、fateじゃないんだよ」と言われた。「縁」と「運命」は同じものじゃないの？と不思議に思った。今回は、そんな「縁」について語ろう。

⭕ 「縁もゆかりもない」って英語でなんて言う?

「縁」って、そもそもなんだろう? 『goo辞書』には以下のように書かれている。

1. 《(梵)pratyaya の訳》仏語。結果を生じる直接的な原因に対して、間接的な原因。原因を助成して結果を生じさせる条件や事情。「前世からの縁」
2. そのようになるめぐりあわせ。「一緒に仕事をするのも、何かの縁だろう」
3. 関係を作るきっかけ。「同宿したのが縁で友人になる」
4. 血縁的、家族的なつながり。親子・夫婦などの関係。「兄弟の縁を切る」
5. 人と人とのかかわりあい。また、物事とのかかわりあい。関係。「金の切れ目が縁の切れ目」「遊びとは縁のない生活」
6. (「椽」とも書く) 和風住宅で、座敷の外部に面した側に設ける板敷きの部分。雨戸・ガラス戸などの内側に設けるものを縁側、外側に設けるものを濡れ縁ということが多い。

5. の「関係」は、英語でconnection もしくはrelation と訳せると思う。例えば、「縁もゆかりもない」という表現があるよね。それは英語で、I don't have any connection to ... や I have nothing to do with ... と言う。

- I **don't** really **have any connection** at all **to** him. (彼とは縁もゆかりもない)

また、場所などに対して「縁もゆかりもない」と言うときは、次のような英語になる。

- I am a total stranger here. I don't know anyone here.

（この土地には縁もゆかりもない。誰一人知らない）

　では、2.の「めぐりあわせ」をどう英訳するかというのは、非常に難しい問題だと思う。この意味で使われる「縁」を使った日本語の決まり文句と、ふさわしい英訳を探ろう。

◯ 「これも何かの縁」はどう考える?

　たびたび会う人に、「また会いましたね!これも何かの縁ですね」と言うよね。この決まり文句は、よくIt was so great to meet you. / I am so glad we met.のように訳されている。日本語に直訳すると、「会えてうれしかった（うれしい）です」。
　悪くないけれど、「縁」のニュアンスがあまり入っていない気がする。「縁」には、何か超自然的なニュアンスがある。それを考えたら、英語のfateの方が近いかもしれない。It must have been fate for us to meet.（本当に運命的な出会いです）みたいな感じ。もしかしたら、「運命」も「縁」に含まれるのかもしれない。
　　縁＝ fate, connection, bond, cause
　　運命＝ fate, destiny

　ところで英語のfateはすごく強い意味を持ち、よく恋人同士が使うような、ドラマチックな単語だ。それ以外の表現も挙げよう。
- It is **fate** for us to be together. （私たちが一緒になることは、運命だ）
- You are my **destiny**! （あなたは、私の運命の人です!）
- **The stars have aligned**! （私たちの出会いは運命だ! ＝ 星が［2人の出会いを示して］並んだ、星の導きだ）

　それでは、見ず知らずの人と深い関係を結ぶときに、「これも何

かの縁ですね」と言いたい場合、どう表現したらいいだろうか。

- There is some reason that we met.
- It's not a coincidence that we met.
- I think we met for a reason.
- I am really glad I met you (and think there is a reason for it).

正直、そもそも英語と日本語の根底にある世界観が違うので、ピッタリ当てはまる英語の表現はないと思う。けれど、こうした表現が近そうだ。

⭕ ビジネスの「ご縁」はfateではない

初めて仕事をする取引先に、「この度は大変よいご縁をいただきました」と言ったりするよね。自然な英訳は、

- I am so glad that we have been given the opportunity to work together.
- I am glad we are working together.
- I am looking forward to working with you on this project.

英語では、ビジネスで知り合った人や単なる知り合いに対して、fateやdestinyはあまり使わない。例えば、ビジネスの打ち合わせで、"It was fate for us to work on this project together." と言ったら、「お、重すぎる……」と、きっと引かれる。

⭕ 「縁がある」「縁がない」を英訳すると?

「縁がある」「ご縁がなかった」「縁が深い」など、日本語にはたくさん「縁」を使う表現がある。例えば「私たちは縁がなかったね」

は、
- It was not meant for us to be friends.
- We were not meant to be friends.
- It was just not meant for us to be in each other's lives. （超直訳）

みたいに英訳できるけど、これらは恋人同士でよく使うせりふで、友達や知り合いの間では、あまり使わない。

「あの人とは縁がある」は、We were meant to be <u>together/friends</u>.などと訳せる。また、

- We really click.
- We are on the same page.
- We get along well.

は、「気が合う」というニュアンス。全部意味は近いけど、ぴったりというわけではない。

◯ 「縁起」は英語圏にはない

次は、「縁」の親戚、「縁起」だ。「縁起が良い」「縁起が悪い」といった言い回しをよく耳にするよね。超直訳すると、（bring）bad luckと（bring）good luckだ。でも「縁起」には、もっと深い意味がありそうだ。

浄土真宗本願寺派僧侶の大來尚順さんの記事によると、「ご縁」の根底にあるのは「物事は全てがつながっていて、偶然じゃない」ということだ。これは仏教でいう「縁起」から来ていて、英語では"Dependent Co-Arising"と訳すそうだ。たしかに人との出会いは、場所、時間、その他さまざまな環境要素のひとつでもそろわなければ、二度と同じものは実現しないよね。

つまり「縁起」とは「他との関わりによって生じたり起こったりすること」と言えそうだ。

とはいえ、仏教用語としての「縁起」の語源をさかのぼると、現代の日本語で使われている「縁起」から少し離れてしまいそうだね。日常会話で使う場合に、「縁起」をどう言い表せばいいのか、例文で考えてみよう。

- The number 8 is **auspicious** in Japan./ Eight is a **lucky** number in Japan. （8という数字は日本では縁起がいい）※形容詞auspiciousは「幸先の良い、吉兆の、縁起の良い」という意味。
- Frogs are considered to **bring good luck** in Japan. （カエルは日本では縁起がいいと考えられてる）
- Don't **be** so **ominous**. （縁起でもないことを言わないで）※形容詞ominousは「不吉な、不気味な」という意味。

A: I hope the car won't stall in the middle of the highway. （車が道のど真ん中で動かなくならないといいけど）

B: Come on, don't **jinx** it! （やめてよ、そんな縁起でもない！）　※動詞jinxは「不運をもたらす、つきをなくさせる」という意味。カタカナの「ジンクス」は和製英語。

　ここから分かるように、「縁起が良い(悪い)」にぴたっと当てはまる一つの英単語、というものは存在しない。しかも、いずれも、「縁起」とは、少しずつニュアンスが違うようにも思える。やっぱり「縁」や「縁起」は、英語になかなか訳せないんだね。

28 | 思いやり

- あまりに日本的な日本語 -

　20年前、大学院に入るために、GRE（Graduate Record Examination）という試験を受けた。試験科目は、得意な英語と泣くほど嫌いな数学だった。英語が好きなので、楽ちんだ！と思ったが、全然楽ちんではなかった。勉強するために買った本に覚えるべき英単語がリストアップされていたが、半分ぐらい意味が分からなかった。

　母語でもこんな具合なので、日本語の苦労は当然だ。一度も聞いたことがない言葉もあるし、何回も聞いているのになかなか意味が分からない言葉もある。例えば、「微妙」の意味が分かるまで、何カ月もかかった。

　「さりげない」もその中の一つだ。今回は、日本人がよく使うけれど、英語に訳しにくい3つの言葉、「思いやり」「気遣い」「さりげない」について解説していこう。

○ 「思いやり」「気配り」「気遣い」はどう違う?

　私がいつも思うのは、日本語には感情からくる行為を表す言葉が多いということだ。例えば、「思いやり」「気配り」「気遣い」。英語の辞書で調べると、全てconsiderationと出てくる。けれど皆さんなら、「その3つは全然意味が違う！」というふうに言うと思う。ところが、「じゃ、どう違うの？」と聞いたら、なかなか説明ができないのではないだろうか。

　considerationと意味が近い単語は、thoughtfulnessだ。この2つは、名詞だ。形容詞にするなら、considerateとthoughtfulだ。

文脈によって、意味は微妙に違うと思うけど、私の感覚では、thoughtfulnessのニュアンスは、誰かのことを考えたり、大事にしたりするために、優しく振る舞う、considerationは、誰かの気持ちを考えて行動することだ。強いて言えば、thoughtfulnessは「思いやり」で、considerationは「気遣い」。けれど、ほとんどの日本人は無意識に使い分けていると思う。

　簡単に言うと、「思いやり」は優しさで人のことを考えること。あまり意図的ではない。「気遣い」は、周りの状況を見て、良いと思われる行動を取ること。つまり意図的だ。「こうしたら、みんな喜ぶやろう！」みたいな感じだ。

- Many people consider wearing a mask to be a way to show **consideration** for others. （多くの人は、マスクの着用は他者への気遣いだと思っている）
- When I was sick, my friend made dinner for me every day. She is so **thoughtful**/**considerate**. （私が病気になったとき、友達が毎日夕ご飯を作ってくれた。彼女は本当に思いやりにあふれている）

　アメリカ人はよく、"Wearing a mask is a common courtesy." などと言うので、このような場合、「気遣い」を courtesy と訳してもよいかもしれない。電車で座ったときに自分の隣の席が少し開いていたら、お尻をずらしてもう1人が座れるようにすることも「気遣い」だ。「気配り」を使ってもいいと思う。この場合、英語の considerate が一番ふさわしいと思う。

- He was **considerate** and scooted over so another person could sit down. （彼は気遣いから、ほかの人が座れるように席を詰めた）

　日本語では、「思いやり」と「気遣い」の使い方が違うけれど、

英語は、日本語ほど使い分けを大事にしないと思う。お土産をもらったとき、「お気遣いをありがとうございます」という決まり文句があるよね。「思いやり」とは違う。じゃあ「和子さんは、気遣いのできる人だ。いつもお土産を買ってきてくれる」を英語で言うなら？

- Kazuko is so **kind**. She always buys me a souvenir.
- Kazuko is so **nice**. She always buys me a souvenir.
- Kazuko is so **thoughtful**. She always buys me a souvenir.

「思いやりを持つ」と「思いやりがある」は、英語では、He is thoughtful. / He is considerate. などと言う。ワンランクアップした「思いやりにあふれている」は、次のように言う。

- He is very **thoughtful**.
- He is a really **considerate** person.
- He is always **thinking about other people**.

◯ 「さりげなさ」にあこがれる

同じように英語にしにくい表現に、「さりげない」がある。私は、ずっと「さりげない」の意味が分からなかった。辞書で調べると、nonchalant、unconcerned、in a casual manner みたいな英訳が出てくるが、文脈がなければ、英語ネイティブスピーカーには意味が伝わらない。

「微妙」も同じだ。「微妙」を辞書で調べると、subtle、delicate、doubtful みたいな単語が出てくるけど、「それは微妙だ」を That's subtle. や That's delicate.、That's doubtful. とは、絶対に言わない。やっぱり、前後の文脈なしには伝わりづらい。

では、「さりげない」を使った例文を見てみよう。

- Her **casual**, **offhand** remark really hurt my feelings.（彼女のさりげない発言に傷付けられた）
- John **nonchalantly** took her hand.（ジョンは、さりげなく彼女の手を握った）

　「さりげないおしゃれ」という表現はよく耳にするけど、どうやって英語に訳すか考えたことはあるかな？　例えば、modestly chic（控え目におしゃれ）と訳せる。effortlessly chicと言ってもいいと思う。こちらは「頑張らなくてもおしゃれ」「意図的じゃないおしゃれ」みたいな感じだ。

- She is **effortlessly chic**.（彼女はさりげなくおしゃれだ）

　気遣いについては冒頭に書いたけど、「さりげない気遣い」という表現もあるよね。これは、アメリカ人の私にとって、相当面白い表現だ。「気遣い」は、誰かを喜ばせるための優しい行動。そして、「さりげない気遣い」は、その行動を大げさにならないようにすることだ。

- My husband **nonchalantly** put some Tabasco sauce on the table when he saw I was eating pizza.（私がピザを食べているときに、夫がさりげなくタバスコをテーブルに置いた）

　これは、... and that was super kind of him!（すごく優しい！）という意味が言外にある。

　単語よりも、フレーズで説明した方が分かりやすいかな。つまり、without anyone noticing / without making a big deal / as if it didn't matterということだ。「誰にも気付かれないように、大げさにならないように」という意味。as if it were no big dealはス

194

ラングっぽいけれど、よく使う英語だ。

- When I told my friend I couldn't believe he'd appeared on national TV, he acted **as if it was no big deal** and casually said, "Do you think it is something special? I mean, it was only for 15 seconds, and I didn't say anything particularly interesting."（友達に、全国テレビに出たなんてすごい！と言ったら、彼は、『そう思う？　まぁ、15秒しか出てないし、大したことは言ってないよ』とさりげなく答えた）

- After dinner, my husband got up and washed the dishes **without saying anything**.（晩ご飯が終わった後、旦那がさりげなく皿洗いをしてくれた）

After dinner, my husband got up and washed the dishes(→気遣い) without saying anything（→何も言わずに＝さりげなく）ということで、純粋な優しさから、何も期待しないで相手を喜ばせるためにする行為が「さりげない気遣い」なんだよね。

　英語で言うと、Doing something out of the kindness of your heart to make someone happy without making a big deal about it and without expecting anything in return. うーん、長い……。やっぱり、訳しにくいね。

◯ 文脈が全て

　私は、ずっと英語と日本語について記事を書いているけど、もしかしたら、今回取り上げた「思いやり」「気遣い」「さりげない」が一番難しかったかもしれない。英語に訳しづらい日本語があるのは、間違いなく「言葉」と「文化」がつながっているからだ。こうした細かい仕草や感情を表す言葉は英語にはあまりないから、訳すのがものすごく難しい。

　結論は、「文脈が全て」ということ。今回の記事を書くのは難しかったけれど、おかげで少し日本の心に近付いた気がする。これからもずっと「思いやりにあふれている人間」でいるよう心掛けます！

日本語の語彙には、主に3つの種類がある。漢語（中国から来た単語）、和語（もともと日本にあった単語）、そして外来語（西洋の言葉から来た単語）だ。

その上に、「和製英語」というカテゴリーがある。海外では通じない、日本人が作った英語っぽい言語だ。漢語、和語、外来語、和製英語。これらは全て日本人同士のコミュニケーションツールなので、「日本語」と呼んでいいと思う。

ちなみに「カタカナ語」とか「カタカナ用語」という単語に、和製英語や外来語も入っていると思う。カタカナは外来語を表すのに用いられる文字だから、カタカナの単語を見ると、当然「これは外来語だ！」と思うよね。でも、カタカナで書かれていても外来語じゃない場合がたまにある。

○ 意外な語源を持つカタカナ語

よく車の販売店で「クルマ」と書かれている看板を見掛ける。また、「ビミョー」「マジ?」「キツイ」「キレイ」といったカタカナ表記もよく見るよね。

なぜ、外来語でないのにカタカナで表記するのだろうか。いろんな説があるが、まず、漢字が難しかったり、堅苦しかったりする場合にカタカナで書くと、軟らかく、ポップで、丸い印象になるということがある。「綺麗」→「キレイ」などがこれに当てはまる。

また、何かを強調するためにカタカナにすることもある。「キツ

イ」「スゴイ」などは、こういうタイプだと思う。

　私は、ずっと「チャック」は外来語だと思っていたが、語源を調べたら、日本語の「巾着」に由来する造語だということが分かった。日本生まれの「カラオケ」は、外来語じゃなくて、「空（から）」と「オーケストラ」を合わせた単語だそうだ。

　そして、今回取り上げたいのは「メリハリ」という単語だ。これも一見、「セクハラ」と同じように、略された外来語に思える。ところが「メリハリ」は、日本の伝統文化から生まれた単語なのだ。今日は、この単語の語源と、どうやって「メリハリ」を英語で表現するかについて話そう。

○ 日本の伝統音楽から生まれた「メリハリ」

「メリハリ」は、以下のような意味だ。
ゆるむことと張ること。特に、音声の抑揚や、演劇などで、せりふ回しの強弱・伸縮をいう。物事の強弱などをはっきりさせること。
　　　　　　　　　　　　　　　　　　　　　　　　　　『デジタル大辞泉』

　私はよく仕事に関して、この言葉を聞く。「オンオフのメリハリをつけて仕事をしたら？」みたいな感じだ。もともと、この「メリハリ」は邦楽用語で、特に尺八に使う用語だ。本来、低い音を「減り（めり）」と言い、高い音を、「上り・甲（かり）」と言った。ところが、「上り・甲」は邦楽用語以外であまり使われていなかったため、「張り（はり）」に変換され、「メリハリ」となり、新しい単語が誕生した（『語源由来辞典』）。つまり、この単語はカタカナで書かれているが、日本の伝統的な音楽文化から生まれた言葉なのだ。

◯ 「メリハリをつける」を英語でどう言う？

　では英語で「メリハリをつける」をどう表現すればよいだろうか。ぴったりくるのは、balanceだと思う。

　日本語では、最近「ワーク・ライフ・バランス」という単語がよく使われているよね。これは、英語でも使われている表現だ。work-life balance は、仕事とプライベートのバランスを取ること、つまりメリハリをつけることだ。

　でも、これは名詞句なので、下記のように分けても言える。

- It is important to **balance** your **work** and your family **life**. （仕事と家庭のバランスを取ることが大切だ＝仕事と家庭のメリハリをつけることが大切だ）

- I want to do a better job **balancing work** and my private **life**. （仕事とプライベートのバランスをもっとうまく取りたい＝仕事とプライベートのメリハリをもっとうまくつけたい）

　仕事をしているときは仕事に集中し、仕事以外の時間には仕事のことを考えず、遊びや家族に集中する。仕事とプライベートを完全に分ける。この「分ける」という意味を強調したい場合は、separate の方がいいと思う。

- I am trying hard to **separate** work from my family life. （仕事と家庭生活を分けようとしている＝仕事と家庭生活のメリハリをつけようとしている）

- I want to **separate** work from my private life. （仕事とプライベートを分けたい＝仕事とプライベートのメリハリをつけたい）

- It is important to **separate** work from play. （仕事と遊

訳しにくい日本語

びを分けることが大切だ＝仕事と遊びのメリハリをつけること
が大切だ）

　個人的に、仕事とプライベートを「分ける」ことは、「バランス
を取る」ことより、よほど難しいと思う。balanceは、主に「時間
のバランスを取る」というイメージがある。「〇時間は仕事をし、
〇時間はプライベートに使う」みたいな感じだ。
　けれど、完全にseparateすることは難しい。プライベートの時
間に家で子供と話していても上の空で集中できず、終わっていない
仕事のことを考えてしまうことは、どうしたってある。
　こういうとき、英語にはこんな表現があるよ。

When I am working, I am working. When I am playing, I
am playing.（働くときは働く。遊ぶときは遊ぶ）

　私は、「メリハリをつける」という日本語の意味がずっと分から
なかった。けれど今、人生の中で一番忙しい時期を迎えて、「メリ
ハリをつける」ことが何よりも大事だ！と感じている。
　人間は、必要に応じて新しいことを習得する。まさに私は今、こ
の単語を知る必要があったので、身に付けることができた。必要こ
そが、学びのモチベーションだね。

30 | 頑張る

-「頑張れ」「頑張って」「頑張ろう」の違い-

　私が日本に来て初めて学んだ日本語を、今でもよく覚えている。「私の名前はアンです」「ちょっと待ってください」「おなかすいた」……そして、「頑張ってください」。日本人がどれだけ「頑張る」という言葉が好きか、すぐに気付かされた。

　一日のうち、いったい何回、この魔法の言葉を掛けられることだろう？　そして、何回、誰かに言うことだろう？

　ほとんどの日本人が頻繁に言っている表現だ。でも、「英語で『頑張って！』はどう言うの？」と聞かれたら、めちゃ困る。なかなか英語に訳せない。その理由は、翻訳の問題だけではなくて、文化の違いに関係しているからだと思う。さて、この表現の解説、うまくできるかどうかわからないけれど、頑張るね！

○ 自動詞五段活用の「頑張る」

『広辞苑』の第7版には、「頑張る」についてこう書いてある。

　我意を張り通す。
　どこまでも忍耐して努力する。

　私は、日本に来たとき、日本人と言えば「我慢」「思いやり」「頑張り」というイメージを持っていた。だから、『広辞苑』の「どこまでも忍耐して努力する」という文言は、日本の文化をうまく説明しているなぁ、と思う。アメリカ人の中にも、もちろんめちゃくちゃ頑張る人がたくさんいるけど、日本人ほど頑張ろうとする人は少な

いと思う。日本人は基本的に「頑張ればできる！」という、とても
強い思いを持っている。

　「頑張る」の英訳は、活用によって変わる。「頑張る」は自分から
する行動、一方、「頑張って！」「頑張れ！」は、相手に送るエール
だ。そして、「頑張ろう！」は、あなたと私、あるいは皆で一緒に
という意味があり、この違いによって、訳し方が変わってくる。
　では、いろんな「頑張る」パターンを見ていこう。

○ 大事なイベントを控えた人に言う 「頑張って！」

　日本では、舞台や試合などの大きなイベントを控えた人に、「頑
張れ！」「頑張ってね！」と言うよね。この場合、当てはまる英語は
Good luck! だ。

- **Good luck** on your test today! I know that you will do great. （試験、頑張ってね！きっとうまくいくよ！）
- **Good luck** at your game. I'll be there cheering you on. （試合、頑張れ！応援しているよ！）

　もう1つ、俗語的に使う言葉として、Break a leg! がある。直訳
すると「足を骨折してね！」。よく考えたら、あまり応援している
ように聞こえないかも。でも、「頑張ってね」という意味なんだけ
どね。

- **Break a leg!** You will do great! （頑張ってね！きっとう まく行くよ！）
- **Break a leg** out there. You will be awesome! （頑張っ てね！あなたならきっとできる！）

　ところで日本では、「応援しています！」という表現をよく耳に

する。「〜を応援する」は英語で、cheer for 〜やcheer on 〜と言うけれど、日本語ほど使わない。例えば、私は時々、視聴者や読者に会って「頑張ってね！陰ながら応援しています！」と言われることがある。英語に直訳すると、"I am cheering for you from the shadows." となるけど、これはとっても不自然だ。残念ながら、この場合の「応援している」という日本語にピッタリ当てはまる英語はない。おそらく、以下のような表現が一番近いだろう。

- I'm a **big/huge** fan!（あなたの大ファンです！＝頑張ってください）

⭕ スポーツ観戦中の「頑張れ！」は？

同じように、「エールを送る」という日本語も英訳しにくい。エールは英語のyellから来ている。yellは「大声で叫ぶ」という点では同じだけど、誰かを叱る、怒られるというニュアンスが強い。

- My mother **yelled** at me for not cleaning my room.（私が掃除をしないから、お母さんに怒鳴られた）
- My boss **yelled** at me for being late for work.（仕事に遅刻して、上司に怒られた）

「エールを送る」が指す、大声でチームを応援する場合はこんなふうに言う。

- They are **cheering loudly** for their team.（彼らは大声でチームを応援している）

「応援している」という意味ではI'm cheering you on. やI've got your back. / I'm there for you.のように、さまざまな表現があるけれど、「エールを送る」のニュアンスとはちょっと違う。
例えば、コロナ禍で頑張ってくれている医療従事者に「エールを

送る」は、「感謝の気持ちを表す」という意味なので、次のように表現できる。

- Thank you for all your hard work.（懸命な働きに感謝します）
- Thank you for all you do.（あなたがしてくれた全てのことに感謝します）
- I appreciate you.（あなたに感謝します）

スポーツを観戦しているときに「頑張れ！頑張れ！」と言いたい場合は、いろいろなパターンがある。

- You can do it!
- Go! Go! Go!
- Woo-hoo!
- Yes! Yes!
- Come on!

◯ 落ち込んでいる人を励ます「頑張って！」

では、誰かが落ち込んでいたり、疲れていたりするときに言う「頑張ってね！」は、英語でどう言ったらいいか。Good luck! ではないからね。一番ふさわしい英語は、Hang in there! だと思う。この「頑張って！」は励ましの言葉だ。ほかにも、

- It is going to be OK.（良くなるよ）
- You will be OK.（大丈夫だよ）
- You are going to be fine.（うまくいくよ）
- You will get through this.（乗り越えられるよ）

など、場合によって、いろんな言い方がある。落ち込んだ人に掛ける「頑張って！」は、最も興味深く感じられる。

○ 「頑張って！」と「頑張ろう！」の大きな違い

東日本大震災の後、私はボランティア活動に2度行った。どこを見ても、「頑張ろう！日本」「頑張ろう！東北」と書いてあるポスターや看板があり、正直、最初は、少し違和感があった。試験や試合の前に「頑張って！」と言うのはいいけれど、親しい人を亡くした人に、「頑張って！」と言うのはどうだろうって、すごく、物足りない表現に感じた。もしかしたら、「頑張っているけど、これ以上頑張れん！」と思っている人もいるかもしれないしね。

ちょうどその頃、友達がすごく大事なことを教えてくれた。日本語では、「頑張って！」と「頑張ろう！」の意味が違うということ。「頑張って！」は、努力している相手にエールを送るみたいな感じで、「頑張ろう！」は、弱っている人と手を携えて、一緒に努力しよう！という意味だと。なるほど、これは全然違うな、と思った。

「頑張ろう！」は力の限り頑張ったけれど、もうこれ以上頑張れない！と思っている人に手を差し伸べる言葉だ。すてきだよね。
この「頑張ろう！」も英語に訳しにくいけど、強いて言えば、
- Let's do this together.（一緒にやろう）
- Let's get through this together.（一緒に乗り越えよう）
- I will walk beside you during this hard time.（大変なときは隣にいるから、大丈夫だよ）
- Let's work together.（一緒に努力しよう）

英語では、実はあまりLet'sという表現を使わないんだけど、このような場合は使ってもいいと思うよ。

個人的に、相手が深刻な状況のときには、できるだけ「頑張って」を言わないようにしてる。けど、ほかにふさわしい単語がなかなかなくて、結局言ってしまうことがある。でも、同じ「頑張る」なら、「頑張って！」じゃなくて、「頑張ろう！」と言ってあげたいなと、いつも思ってる。

31 はかない

-日本的な世界観をどう英訳するか-

　この前、哲学と宗教の話が好きな友達と、この世のことやあの世のことについて話をした。私は外見はバリヤンキーに見えるかもしれないけど、実はこういった深い会話が大好きだ。自分が信じていることは別にあるけれど、ほかの人の意見を聞くことで、人間として成長できるように感じるから。また、日本人の考えを聞けば聞くほど、どんどん日本の心が理解できるような気がする。

　長い会話の中で、友達がふと口にした「刹那的」という言葉が胸に刺さった。初めて聞く言葉だったけど、なんてすてきな響きのある単語なんだろう、と感じた。今回は、この「刹那的」という言葉と、類語の「はかない」という言葉について語ろう。

○ 「刹那的」は仏教に由来する言葉

　少し前に取り上げた「縁・縁起」と同じように、「刹那的」も仏教用語で、「瞬間」や「最も短い時間の単位」を表す言葉だ。『広辞苑』第7版を調べると、「刹那的」の定義は、こうある。

　1. 時間がきわめて短いさま。
　2. 今のことしか考えないさま。

　そして『Weblio和英辞典』によると、「刹那的」の英訳はtransientやephemeralと書いてある。しかし、英語のネイティブスピーカーであっても、これらの英単語を使った例文をすぐ思い付く人は少ない。私の旦那さんに聞いても、なかなか良い例文は出て

こなかった。

　　　私：ねぇ、ephemeralを使って、文章を作ってみて。
　　　旦那：うーん。"Life is ephemeral."
　　　私：つまらん。長くして。
　　　旦那：分からん。

　旦那に聞くのはあきらめて（笑）、日常会話で言うかどうか分からないけど、こんな感じかな。

- The lunar eclipse is a **transient** event.（月食は刹那的な現象だ）
- Beauty is **ephemeral**.（美は刹那的だ）

　「刹那的」から連想される表現に、He lives for the moment.（彼は刹那的な生き方をしている）というものがある。この表現には、ちょっとネガティブなニュアンスが入っている。つまり、「将来を考えない、向こう見ずな生き方をする」「無計画にその日暮らしをする」ということだ。とにかく、今を楽しむことしか考えず、今やりたいことをやる。こういった生き方をかっこいいと思っている人もいるかもしれない。前後の文脈によっても解釈が変わりそうだね。

○ 「はかない」って英語でなんて言う？

　日本語の「刹那的」がそうであるように、transientやephemeralのような哲学的な英単語は、あまり日常会話では使わない。日本語の日常会話では、類語の「はかない」という言葉のほうが、「刹那的」という言葉よりはよく使われるかもしれないね。「セミの命ははかないよね」「それははかない夢だ」などと耳にすることがあるし。

　「はかない」は、fleetingやmomentary、short-lived と訳して

いいと思う。「一瞬」や「長く続かない」という意味だ。ちょっと例文を見てみよう。

- Beauty is **fleeting**–it's what's on the inside that matters.（美ははかないもの。大事なのは内面だ）
- Fireworks are beautiful because they **are over before you know it**.（花火は、はかないからこそ美しい）

over before you know it は「あっという間に（気付く間もなく）終わってしまう」ということだ。

気持ちに重点を置くときの「はかない」は、empty や unfulfilled、short-lived と訳せる。

- Happiness is **short-lived**.（幸せははかない）
- She spent her life chasing an **empty/unfulfilled** dream.（彼女ははかない夢を追い続けた）
- Her happiness was **short-lived**.（彼女の幸せははかないものだった）

こんな言い方もある。

- I finally mustered up the courage to tell him how I felt, but he rejected me. It was an **unrequited** love.（彼に思い切って告白したけど、断られた。はかない恋だった）
- My daughter passed away at the age of 10. She died **before she was even able to** live.（娘は10歳で亡くなった。はかない命だった）

物のはかなさは、美とつながっている。桜や花火ははかないからこそ美しい。けれど、気持ちに重点を置いた「はかなさ」は、さみしさがある。はかない夢、はかない命、はかない恋。切ない感情があふれている。

〇 「今を生きる」日本人

　この間、「而今」というすてきな単語を初めて聞いた。この単語は、日本人の刹那的な世界観を完璧に表していると思う。つまり、「今を生きる」ということ。

　大來尚順氏の『訳せない日本語』によると、「而今」と言う仏教用語は、「『今の一瞬』を意味し、過去や未来にとらわれることなく、ただ今を精いっぱいに生きることの大切さを説く言葉」だそうだ。

　この「今を生きる」という日本語はどのように英語に訳せるのか、ずっと考えていた。直訳は、"Live now."だけど、自然な英語表現ではないからね。「今、生きろ！」みたいなニュアンスになってしまう。

　"Live for the now." なら、どうか。「今日のために生きよう」というニュアンスだ。または live in the present や live for the present も、悪くない。present は「現在」という意味なので、直訳すると「現在を生きる」という意味になる。例えばこんなふうに言える。

- You need to stop living in the past and start **living in the present**!　（過去のことを忘れて、今を生きなければならないよ！）

　もう一つは、ラテン語の"*Carpe diem!*"。英語で "Seize the day!" と言う。でもこれは、映画に出てくるようなとてもドラマチックな表現で、日常会話ではあまり使わない。英語を話す人なら意味は分かるけど、私も人生でこれまで数回しか言ったことがないんじゃないかな。

◯ 「刹那的」「はかない」「今を生きる」に表れる日本人の世界観

　今回取り上げた日本語に、ピッタリ当てはまる英語表現はなかなか見つからない。その理由は、日本人の世界観にある。死んだ後にどうなるかは、誰にも分からない。キリスト教の世界観では、「死んだら永遠に神様のそばにいる」という確信があるけど、多くの日本人の宗教観は（日本人は仏教や神道、儒教などさまざまな考え方に影響されているので、この言い方が一番ふさわしいと思う）、「天国に行けたらいいなぁ」とか、「お祖母ちゃんに会えたらいいなぁ」といった漠然としたものだろう。

　この宗教観は、日本人の日常生活に大きく影響している。死んだらどうなるかわからない、そして命は刹那的なものだから、一秒たりとも無駄にせず、精いっぱい今を生きないといけない、ということだ。

　この考えを一番身近に感じられるのは、日本人が愛する「桜」だ。刹那的といえば、やっぱり桜だよね。待ち望んで、やっと3月末頃、待ちに待った花が見られる。約1週間、長くても2週間程度の命の花。来年も元気で桜が見られるだろうかということに、考えを巡らせる人も多い。

　でも、これは悲しいことじゃないよね。きっと、「刹那的」や類語の「はかない」という言葉は、「悲しい」とか「弱い」という意味ではないはず。日本人にとって、消えていくことは美しいこと、このはかなさは、「わびさび」から生まれている。

　「わびさび」というのは、悲しい、はかなさ、美しさ、孤独といった概念が一緒になった言葉だ。英語で言うと、beauty in sadness が最もふさわしいかな。

　桜は一瞬で消えていくけれど、また次の年に花が咲く。もし桜が

一年中咲いていたら、今ほど桜を大事に思うことはないだろう。刹那的であるからこそ価値があるのだ。

- Cherry blossoms are beautiful because their beauty is **fleeting**. （桜は、その美しさがはかないからこそ美しい）

ということだ。

　日本の宗教観は空気のようなものだと感じる。多くの日本人が、「私は無宗教です」と言いながらも、無意識のうちに、神道や仏教に影響されている。日本の宗教は、宗教というよりも生き方そのものだ。神道、仏教、儒教の全てが日本の文化、そして日本人の考え方に深く根付いている。分けることはできないし、分けるべきでもない。

　「刹那的」、「はかない」、そして「今を生きる」。日本の世界観から生まれてきた表現だからこそ、なかなか英語には訳せない。こういう場合は、英訳を一つに決めて無理やり、説明しようとするより、言葉を尽くして説明をした方がいい。そうすれば、相手に日本語や日本の文化のことを教えることができると同時に、自分も日本語と日本語の文化の美しさを発見することができるかもしれない。

英語がバリうまい日本人が使う
カタカナ語

　英語学習の敵とか、このせいで日本人は英語の発音ができないとか、さんざんネガティブなことばかり言われるカタカナ語。でも、最近、気になることがあってね。それは、どういう英単語がカタカナ語として取り入れられるのか、そして誰がそれを決めるか、ということだ。

　たいていの場合、メディアや広告会社、政府などが今まで知られていない英単語を使い出し、その単語をどう使うかは国民が決めているように見える。つまり、国民に気に入られない単語は消えていく。コロナ禍ではやりかけた「オーバーシュート」がその例だ。オーバーシュート（overshoot）とは、爆発的な感染者激増のことを指す。でも、この言葉は「クラスター」や「パンデミック」ほどには、日本語としては定着しなかった。一つの理由としては、オーバーシュートが指す状態に、日本が陥らなかったかもしれない。

　外来語や和製英語は、日本人同士のコミュニケーションを円滑にするためのコミュニケーションツールだ。ごく一部の日本人しかなじめず、社会に広まらなければ、存在意義がない。そのとき、カタカナ語は「コミュニケーションツール」から「妨げ」に変わる。

　もう一つ、ものすごく気になっていることがある。それは、英語圏在住の英語がバリうまい日本人が使うカタカナ語だ。この人たちは無意識に、日本ではなじみがないが自分の生活に役立つ単語や表現をうまくカタカナ語にする。この面白い現象について話そう。

■ 「同じページにいる」ってどういう意味？

数年前、ある研修会に参加するためにアメリカに行った。参加者のほとんどは、長くアメリカに住んでいる日本人だ。研修会そのものと同じくらい面白かったのは、参加者の日本語だった。日本に住んでいる日本人が話す日本語と違い過ぎて、言語学者の私は、バリ興奮してしまったバイ。

私の友達の一人は、アメリカ人と結婚してアメリカに移り、もう20年近くアメリカに住んでいる。彼女とはほとんど会えないので、会える時は本当に楽しい。この研修会のときはホテルの同じ部屋に泊まったけん、たくさんおしゃべりができた。

私たちは、日本語と英語を行ったり来たりしながら会話をしていた。深刻な話をしていたときに、その友達が「ね、アンちゃん。あなたと私は同じページにある」だって。私は「マジで言ったの？」と大笑いした。彼女は、なんで私が笑っているのかわからなかったらしい。勘のいい人ならお気付きのとおり、We are on the same page. という英語の慣用句がある。「同じ考えや思いを持っている」という意味だ。友達はその慣用句を日本語に直訳したのだ。バリ面白い！

長くアメリカで生活していると、何が日本語由来のものか、何が英語由来のものか、区別できなくなるらしい。私は、その勝手に作られる日本語にすごく興味がある。海外の日本人コミュニティーの中でだけ通じるので、ある意味では和製英語の逆バージョンみたいなものだ。

和製英語は日本にいる日本人のためにあるものだから、別に英語のネイティブスピーカーが分からなくてもいい。同じように、アメリカ在住の日本人も、自分たちのために特別な日本語を作ったり、使ったりしてもいいんじゃない？　けれど、「そのコミュニティー

から一歩踏み出すと通じない」という恐れはある。これは日本の方言にも似ている部分がありそうだ。

■ 日本人コミュニティーのカタカナ語は何のため?

アメリカにいる日本人が使う面白い単語に、こんなものがある。
- 学期 (semester)　略して「セメスター」「セメ」と言う。
- 幼稚園 (preschool、kindergarten)　「プリ」「キンダー」
- 昼食を買う (buy lunch)　「バイランチ」「バイラン」
- 市民体育館 (recreation center)　「レクセン」
- ビニール袋 (plastic bag)　「プラスチックバッグ」
- 実用的な (practical)　「プラクティカル 」
- 意図的な (intentional)　「インテンショナル」
- 練習 (practice)　「プラクティス」
- 期待 (expectation)　「エクスペクテーション 」
- 入国管理局 (immigration)　「イミグレーション」「イミグレ」
- 登録する (register)　「レジスター」
- 申し込む (apply)　「アプライする」

例えばWhen I register for classes this semester, I think I'll apply for a scholarship, too. (今セメの授業をレジスターするときに、奨学金もアプライしようかな) のように使う。

また、アメリカのお店の呼び方も面白い。
- Costco　「コスコ」
- Trader Joe's　「トレジョ」
- Chick-fil-A　「チック」
- Burger King　「バーキン」

アメリカに長い日本人はこういう表現を当たり前のように使う。アメリカにいること、英語がペラペラ話せることを鼻にかけてマウンティングしとるわー、と思う学習者もおるかもしれん。でも、ちょっと待って。彼らはやはり、それなりの理由があってこういう

カタカナ語を使っとるんよ。その一つは、日本にない制度や概念を表したいとき。その一つがキンダーだ。例えば、My son is in kindergarten this year.（息子は今年キンダーに入っている）のように。

　kindergartenは「幼稚園」と訳されるが、日本の幼稚園とは制度も対象年齢も違う。アメリカのkindergartenは、年齢でいうと日本の幼稚園の年長頃の子どもが入るところだ。幼稚園でもないし、保育園でもない。「まあ、いいか！kindergartenって言おう！」「でもkindergartenでは長過ぎるからキンダーにしよう」と思うんじゃないかな。

　「レクセン」も一緒だ。アメリカの recreation center、rec centerは、多目的な場所で、日本で言うと、一番近いのはおそらく「市民（区民）体育館」みたいなところ。でもアメリカのrecreation centerには会員制のジムもあるし、地区イベントや習い事も催される。ぴったり当てはまる日本語の単語がないので、「レクセン」になったかもしれんね。例えば、I'm working out at the rec center.（レクセンで筋トレをしている）のように使う。ま、日本人はどこにいても略すのが好きということは間違いない（笑）。

　でも、「アプライ」（申し込む）や「レジスター」（登録する）は、日本語があるのに、カタカナ語が使われるのはなぜだろう。理由としては、日常的に英語を使っているので、英語に近いカタカナ語の方が、口をついて出てしまう、ということがあるだろう。ほかにも、母国語よりも外国語の方が、その概念やアイデアを表すのにフィットしていると感じる、ということもありそう。例えば私は、日本語の「玄関」「携帯」「水筒」「駅」などは、それに対応する英語より好きだ。もしかしたら、「駅」や「水筒」と同じように「アプライする」と「レジスターする」と言ったほうが、アメリカ在住の日本人にとってしっくりくるのかもしれんバイ。

今すぐ使ってみたくなる
クールで便利な
SNS英語

X（旧Twitter）、Instagram、
TikTokなどで最近、よく見かける、
SNS英語を取り上げました。
こうした表現の数々は、
すぐに日常の英会話にも浸透してくるので、
頻出するものは押さえておくといいでしょう。
世界中の人とつながれるSNSの舞台でも
ぜひ使ってみましょう。

troll

-遭遇しがちな困った状況-

　言葉を勉強すればするほど、「確実」とか「正しい」と言い切れないことが増えてくる。去年まで使っていた言葉がぱったり使われなくなったり、今まで名詞だった言葉が急に動詞として使われるようになったり。言葉の意味もどんどん変わる。

　一体、誰が、何を「正しい」と決めるのか？　私は、それは一般の人々だと思う。ある言葉遣いについて、どんなに言語学者や教師が「変」とか「間違っている」と言ったとしても、多くの人が使って定着すれば、いずれその「間違った」言葉や使い方は「正しい」ものになるだろう。

　最近は、インターネットのおかげで変化のペースが特に速くなっている。私は英語のネイティブスピーカーだけど、わからないインターネット用語は山ほどある。日々新しい言葉が生まれたり消えたりして、正直「ついていけん！」と叫びたくなる。

　今回は、今SNSで広がっている単語について話したい。

○ ghosting: 自然消滅

　最近よくSNSで見られる現象に、「名詞の動詞化」がある。friend やFacebook、LINE、Zoomなどは、全部動詞として使われる。

　同じように、名詞ghost（幽霊）も、最近動詞で使われている。「今まで交際があった人と説明なく連絡を絶つ」という意味だ。必ずしもSNSだけで使われているわけではないが、今はコミュニケーション手段としてSNSが急拡大しているため、SNSの言語使用の

トレンドが日常会話やメディアに大きな影響を与える。この言葉は恋人同士の間で使うことが多いが、友達同士の場合もある。こうした行為を名詞でghosting（ゴースティング、自然消滅）と言う。

- She's **ghosting** me. I haven't heard from her in days. （彼女から一方的に無視されてる。数日間、連絡が来ていない）
- Sounds like you are being **ghosted** to me. （なんか、 ［あなたは］縁を切られてるっぽいよね）

日本語「絶交された」「縁を切られた」が近いかな。英語で簡単に説明するなら、ghostingはrejection without the closure、つまり、終止符を打たずに拒否されること。ghostingはされた側に大きな精神的ダメージを与えるため、心理学でも話題になっている。

○ gaslighting: ネットいじめ、バッシング

これもSNSに限った話ではないが、最近よくHe's gaslighting me.、I am being gaslighted. みたいな文を目にする。

gaslightingは新しい単語ではない。パトリック・ハミルトン作の戯曲Gaslightから来ており、イングリッド・バーグマン主演の映画『ガス燈』（原題"Gaslight"。1944年）も有名だ。辞書の定義では、「特定の人をターゲットとして、集団で付け回したり、ターゲットが妄想癖や精神的な欠点を持っていると思い込ませるような工作をするなどして、ターゲットを精神的に追い詰めていくこと。精神的虐待の一種とされる」

ガスライティングとは何？ - Weblio辞書

つまり、「マインドコントロール」みたいな感じだ。SNSでのgaslightingは、一時的な「バッシング」よりひどい、大きな精神的ダメージを与える行為だ。例えば、SNS上で誰かが（多くの場

合）証拠もなく特定の人に反発し続けたり、評判を下げようとしたりして、被害者側が自分の発言を疑い、自信をなくすことを指す。

そもそも私がなぜこの単語をよく見かけるようになったかというと、私がX（旧Twitter）でフォローしているアメリカ在住の医師が、ほぼ毎日gaslightingについて投稿をしていたからだ。彼女は、コロナ禍でずっと「マスク」や「ワクチン」の効果を発信し続けていたため、マスクもワクチンも嫌いなアメリカ人から「ガスライティング」されていたのだ。

日本語に当てはまる単語はないので、ここではそのまま「ガスライティング」とするが、「バッシング」「誹謗中傷」「ネットいじめ」「DV」を合わせたような言葉だと思う。例文を見ていこう。

- I'm being **gaslighted** by all my family and friends on X.（Xで、家族や友達みんなからガスライティングされている）
- The **gaslighting** was terrible all through the COVID-19 pandemic.（コロナ禍の間中、ガスライティングがひどかった）
- The **gaslighting** has been unbelievable.（ガスライティングが信じられないほどひどい）

◯ trolling: 荒らし

長くSNSをやっていると、必ずtrollingを経験する。XやInstagramなどで、知らない人に対して失礼なコメントを書く人がいる。しばらく特定の人をターゲットにしてイラッとするコメントをし続け、しばらくすると他の人に同じことをする。このように、悪意を持ってネット上をうろうろする人をtrollと言い、そうしたネット上の行為をtrolling（トローリング、荒らし）と言う。

新語や俗語などを掲載するオンライン辞書サイト「Urban Dictionary」では、このように説明されている。

Trolling ... is the deliberate act ... of making random unsolicited and/or controversial comments on various internet forums with the intent to provoke an emotional knee jerk reaction from unsuspecting readers to engage in a fight or argument　　　　　*Trolling - Urban Dictionary*

トローリングは、（中略）口論や論争に引き込むため、疑うことを知らない読み手からお決まりの感情的な反応を引き出そうと、あらゆるインターネット上のコミュニティに、手当たり次第にわざと一方的で物議をかもすコメントを書き込む行為のこと。

例文を挙げよう。
- He's just **trolling** you. You should block him. （彼はあなたをトローリングしてるだけだよ。ブロックした方がいい）
- He's a **troll**. Just ignore him. He will go away soon enough. （彼は荒らしだよ。無視すればいい。すぐにいなくなるよ）

私はXで典型的なtrollingを経験した。数人がランダムに煽（あお）るようなコメントを書いてきて、私をかばおうとするフォロワーがtrollにコメントを返し、trollも返す。あっという間に私のXのフィードは戦場になってしまった。これがtrollingの目的なのだろう。今は関わらないのが一番、と思っている。
　SNSは魅力的な新しい言葉がたくさん誕生する。残念ながら、ダークな言葉も同時に生まれてるよね。今回勉強した単語はハッピーなものではないけど、英語をSNSで使いたい方は絶対に知っといてほしい。でもいつかは、英語から消えてくれるといいなぁ。

　キャッチボールが難しいという点では、SNSも会話も同じ。「英語の投稿の意味は理解できるけど、どうコメントすればいいか分からない」という方は多いだろう。ここでは、コメントの仕方を紹介していくね。

○ 食べ物に対するコメント

　Instagramで多く見かけるのは、食べ物の写真だ。「おいしそう！食べたい！」というコメントを英語にするとき、おそらく多くの日本人は "It looks delicious! I want to eat it." のように言うだろう。でももっとかっこいい、自然な言い方がたくさんある。例えばこんな表現だ。

- Wow, that looks awesome! I so wanna try it.！（うわあ、おいしそう！すっごく食べてみたい）

「おいしい」を表すのに、もちろんdeliciousはいいんだけど、ほかにも Wow, that looks <u>so good / amazing / terrific / incredible / great</u>! など、いろいろ言える。

　また、こういう時には "I want to eat it." は使わない。「食べたい」より「食べてみたい（試してみたい）」と言う方が自然だ。

- I'd like to **try** that sometime.
- I'd love to **try** that.
- I really want to **try** that sometime.

では、おいしいレストランを紹介されたとき、「行ってみたい！」と感じよく反応したいときはなんて言う？ "I want to go there!" 以外に、考えてみよう。

- I wanna **check** it **out**. （そこに行ってみたい）
- I'd love to **check** it **out** sometime. （そこにいつか行きたい）

check outは「行ってみる」「見てみる」という意味だ。上の例文のように、目的語のitを抜かさないよう注意して使ってみよう。

○ ファッションやメイクに対するコメント

こんなふうに言うといいね！

- Red really **looks good** on you. / You **look great** in red. （赤がすごく似合うね）
- I **love** your makeup today. / Your makeup **looks great** today. （今日のメイク、とってもいいね）

服のコーデ（コーディネート）は英語でoutfit(省略するとfit) と言う。なお日本語の「コーディネート」は和製英語だ。

- Wow! That is such a cute **outfit**! （うわあ！あのコーデ、超かわいい！）
- Hey, let's wear matching **outfits** tomorrow! （ねぇ、明日お揃いコーデしようよ！）

Instagramでは、以下のように使われている。

- Matching fits （お揃いコーデ）
- Today's fit （今日のコーデ）
- Back to school fits （新学期コーデ）
- OMG! That **outfit** is so cute! （うわあ！そのコーデ、めっちゃかわいい！） ※OMG! はOh, my god! の略。

ところで日本では、「顔が小さい」「鼻が高い」「肌が白い」など、見た目に対してコメントすることがある。私も日本に来てから、よく「鼻が高い」と言われてきた。最初は、「何それ？褒めとる？」と、すごく不思議だった。アメリカでは「高い鼻＝美人」というわけではない。「顔が小さい」と言われるのも不思議だった。もし海外から来た人に、"Your face is so small!" と言ったら、きっと私と同じくらい「は？」と思うはず。基準は文化によって違うので、SNSでもこういうコメントは避けよう。以下ならOKだ。

- Your eyes are so **beautiful**. （目がきれい）
- You have **great** hair! / I **love** your hair! （すてきな髪！）
- You have **beautiful** skin. （肌がきれいね）

○ 子供に対するコメント

Instagramで、食べ物やファッションと同じくらいよく見かけるのが子供の写真だ。プライバシーを気にする人は、子供の顔をスタンプやモザイクで隠している。よその家の子どもが写り込んでいる場合には、Can I post this picture on social media? / Can I put this on social media?(この写真、SNSに載せてもいい？) などのように聞くべきだろう。それでは、子供の写真でよく見るコメントを見ていこう。

- Wow, he's **gotten so big**! / Wow, he's **grown so much**! / Wow, he's really **grown up**! / Wow, he's **gotten so tall**! （大きくなったね！）

Wow, he's gotten so big! は、小さい子ども向けだ。ティーンエージャーに言ったら、「私太った？」と受け取られる可能性がある。その場合は、次のような言い方がいいだろう。

- I can't believe how much **you've grown**! （こんなに成長したんだね！）

- You have **gotten so tall**!（すごく背が伸びたね！）

大人に「何歳ですか？」と聞くのはNGだけど、子供なら大丈夫。
- Wow, your son/daughter is a cutie. **How old is** he/she now?（わぁ、息子／娘さんかわいいね。今、何歳？）

「かわいい」は、上のようにcuteのほかにcutieやcutie-pieとも言う。
- He is such a **cutie/cutie-pie**.（彼はとてもかわいい）
- What a **cutie/cutie-pie**!（なんてかわいいの）

こんな褒め言葉もよさそうだ。
- I **love** your smile. / **What a great** smile!（素敵な笑顔！）
- He **looks just like** you!（あなたに似てるね！）
- He **looks exactly like** his father. / He is **the spitting image of** his father.（パパにそっくり）

○ ペットに対するコメント

ペットの写真も大人気だね。まず、「ペット飼ってる？」は Do you keep a pet? と言いそうだけど、英語ではDo you <u>have</u> a pet? が自然だ。「犬1匹と猫を2匹飼っています」ならI <u>have</u> a dog and two cats. だ。

ペットの写真へのコメントに使える英語表現を見てみよう。
- OMG! He is so **adorable**.（うわあ！彼、めっちゃかわいい）
- **What kind of** dog/bird/cat/etc. is he?（品種は何？）
- He's huge! **How much does** he **weigh**?（めっちゃ大きい！何キロあるの？）
- **How long have you had** him?（いつから飼ってるの？）
- Her fur is **beautiful**!（毛並みがきれい！）

ペットの性別がわからない場合、とりあえずheかsheで聞こう。間違えていたら、こんなふうにきっと相手が訂正してくれる。

　　A: OMG! She's so cute!（うわあ！この［女の］子、すごくかわいい！）
　　B: My cat is a he.（うちの猫はオスなんです）
　　A: Oh, OK. Sorry!（あ、そうなんですね。ごめんなさい！）

○ 景色に対するコメント

以下のように言ってみよう。

- What **a beautiful / an amazing / a terrific** view!（きれいな景色！）
- It's **breathtaking / so beautiful**!（すごくきれい！）
- What **an amazing picture / a beautiful shot**!（なんてきれいな写真！）
- I'd **love to go** there someday. / **I hope I can see** it someday. / **I hope to get there** one day.（いつか行ってみたいなぁ）
- **Where did you take** that picture? / **Where is that?**（どこで撮ったの？）

　Variety is the spice of life.（多様性は生活のスパイス）という英語のことわざがあるけど、言語にも同じことが言える。さまざまな表現を知っておくと人生を楽しめる。今度英語で投稿にコメントをするときはwant to goではなくてcheck out、greatやbeautifulだけじゃなくて、awesomeやterrificなども使ってみては？

34 | bestie

-あなたは私の「bestie で BFF」!-

先日、3人の娘たちを福岡から東京へ連れて行った。普段、近所のコンビニやショッピングモールにしか行かない娘たちは、都会で目を輝かせていた。最近スマホデビューした末っ子を含め、娘たちは3人ともスマホを持っている。彼女たちが四六時中しゃれた東京の風景や人々の写真を撮るので、なかなか先に進むことができなかった。娘からインスピレーションをもらったので、今回はInstagram や TikTok のハッシュタグやコメントでよく見る、写真・ファッション関連の言葉を紹介したい。

◯ pic: 写真

pic は picture の略語。「写真」は、ほかにも picture、photo、shot などと表される。

- That's such a cute **pic** of you! (かわいい写真！)
- This is a **picture** of my dad and me. (父と一緒に撮った写真だ)
- What a great **shot** of you two! (君たちかわいい過ぎ！)
- Can you AirDrop me the **pics** you took today? (今日撮った写真、AirDrop [エアドロ] してくれない？)

◯ selfie: 自撮り

日本語でも「セルフィー」という言葉をちょこちょこ聞くけど、まだ「自撮り」の方が一般的かな。selfie は、self（自分）から来た

言葉。「自撮り棒」はselfie stickと言う。

- Hey, let's take a **selfie** together!（ねぇ、一緒に写真撮ろう！）
- Can we take a **selfie**?（自撮りしない？）
- Did you bring a **selfie** stick?（自撮り棒、持ってきた？）

◯ photo bomb: ふざけて他人の写真にこっそり入り込む

写真を台無しにしてしまう爆弾(bomb)のような存在であるところから来ている。撮影した人は、後から撮った写真を見て初めてphoto bombされたことに気付く。

- Did you **photo bomb** my pic?（あれ、あなた、私の写真に入った？）
- He **photo bombed** me.（彼に写真に入り込まれた）

似た言葉に、招待されていない人が勝手にZoomなどのウェブ通話に入り込むZoombombingがある。目的はいろいろだけど、差別的な資料や写真を流して、通話を終了せざるを得ない状況にする場合がある。これは、会社だけではなく、リモート授業をしている学校も頭を悩ませている。photo bombは単なるいたずらであることが多いが、Zoombombingは悪質な問題だ。

◯ photo dump: 大量の写真を投稿する

photo dumpは、大量の写真をSNSにまとめて投稿すること。特に好きな写真とか編集した写真というわけではないけど、スマホに写真がたくさんたまったから、とりあえず全部SNSに載せようという意味だ。#photodumpとかToday's photo dumpといったハッシュタグやコメントと共に写真が投稿される。

- My memory is getting full. It is time for a **photo dump**. （メモリがいっぱいになってきた。そろそろphoto dumpしなきゃ）

○ have no filter: 包み隠さず発言する

Instagramで「この写真はフィルターをかけないで撮った」ということを強調したいときに#nofilterというハッシュタグを使う。ほかの言葉と違い、SNSではハッシュタグ以外ではあまり使わない。会話では、ものすごくストレートに話す人をno filterと言う。

- That guy has **no filter**. He will say anything about anything. （彼はあけすけな物言いをする。何でもかんでも口に出す）

○ inspo: インスピレーション

inspiration（インスピレーション）の略。10年ぐらい前にイギリスで使われ始め、すぐにアメリカ英語にも入ってきた。「私もこんなことしたい！」と思わせる写真と一緒に、このように使われる。
#inspo / #fashion inspo / #outfit inspo / #hair inspo / #nails inspo / #workout inspo / #room inspo / #food inspo
ハッシュタグの数から見ると、かなり広く使われているようだが、先週まで私はこの略語を知らなかった。ぴえん。

○ bestie: 親友、仲間

SNSでは「親友」「仲間」を表すさまざまな言葉が使われていて、まずbestie。これはbest friendのかわいい言い方だ。もう一つは、

BFF（best friend forever）だ。どちらも SNS の会話でよく使うが、Instagram のハッシュタグを調べると、#bff の方が #bestie よりはるかに多く使われているようだ。

男性の場合、BFF も bestie もあまり使わず、boy や homie などを使う。複数の友達が写っているときは homies、my boys、fam、peeps などと言う。

少し例を見てみよう。SNS ではよくこんなふうに使われる。

- **Besties** since college（大学時代からの親友）
- Coffee with my **BFF**（大親友とコーヒータイム）
- Hanging with my **homies**（仲間と一緒に）
- Going out with my **peeps**（友達とお出掛け）
- Played some hoops with **my boys** today（今日は友達とバスケ）
- Selfie with my **BFF**.（大親友とのツーショット）
- Matching outfits with the **bestie**.（親友とお揃いコーデ）

BFF たちと一緒に特別に出掛けたり旅行したりするときは、Girls' night out とか Girls' weekend などと言う。

○ must-haves: マストアイテム

「マストアイテム」は和製英語で、英語では must-haves と言う。I must have this item!（これを絶対に手に入れなきゃ！）の略だ。会話でも使うけれど、やっぱり SNS や広告でよく見かける。

- **Must-haves** for summer/back to school!（夏／新学期の必需品！）
- Wardrobe **must-haves**!（揃えておくべきワードローブ！）
- **Must-have** shoes for baby!（赤ちゃんの靴ならこれ！）
- **Must-have** swimsuits for summer!（この夏買うべき水着！）

会話で使うならこんな感じだ。must もよく使われる。

- A raincoat is a **must-have** if you are going to live in Seattle. （シアトルに住むなら、レインコートは必需品）
- That is definitely a **must-have** for summer. （間違いなく夏のマストアイテムだ）
- A car is a **must** if you are going to live there. （あそこに住むなら車は必須だ）
- I wanna work there, but weekends off is a **must** for me, so I am not gonna take it. （あそこで働きたいけど、私にとって土日休みはマストだから、申し出を受けるつもりはない）

　私は言葉が大好きだけど、分からない日本語も英語も山ほどある。インターネットのおかげ（せい？）で、言葉が生まれたり消えたりするペースがすごく速くなった。人間は、外国語を勉強しながら母語も同時に勉強する必要があると思う。私も、日本語を勉強しているおかげで、英語の語彙力がすごく伸びた。

　どんなに勉強しても、分からないことはずっとある。これが勉強の一番の魅力だと思う。毎日、新しい発見があって、毎日学ぶ機会がある。一番大事なのは、新しく学んだことをすぐ使ってみることだ。皆さんも、ぜひ今日からSNSで今日習った言葉を使ってみてください！

「バイトテロ」という言葉を数年前に初めて耳にしたとき、クリスマスプレゼントをもらったくらいうれしかった。私の専門分野は和製英語と外来語なので、こういう造語は大好きだ！

ドイツ語の arbeit（仕事）からきた外来語の「アルバイト」は、「バイト」と略されるようになった。そして、「テロ」は英語の terrorism からきた純粋な和製英語だ。この二つを合わせて、魅力あふれる言葉が誕生した！　ただ、その意味は魅力的ではない。

「バイトテロ」は、アルバイトや従業員が職場で不適切な行為、またその様子を撮影してSNSや動画共有サイトに投稿して炎上させ、企業のイメージを悪くすることを指す。日本独特の言葉なので、ぴったり当てはまる英語はない。英語の Wikipedia では、「バイトテロ」を日本の社会現象と解説している。強いて英訳するなら、a prank done at work and uploaded to the internet（ネットにアップされた職場でのいたずら）だろうか。長いなぁ……。

今回は、「バイトテロ」のような、日本語の観点から見た、ネット用語をどう英語で表現するかを話そう！

⭕ バズる: go viral

「バズる」はそんなに新しい言葉ではないけれど、英語で使いこなせるとめっちゃかっこいいから、解説しよう。「バズる」は、動画や記事がネット上で爆発的に拡散されるということで、語源は英語の buzz だ。英語でも何かが流行したら It's the buzz. と言う。けれど、（×）That video buzzed on the internet. とは言わない。

英語で「バズる」はgo viral、過去形はwent viralだ。

- I want nothing more than for my blog to **go viral**. （私はブログをバズらせる以外に望むことはない）
- I had a feeling that video would **go viral**. （あの動画はバズると思った）

○ 炎上する: go viral, blow up the internet

「炎上する」は、言い換えるとネガティブな意味でバズった状態だ。これもgo viralを使って表現できる。また、go viral の代わりにblow up the internetとも言い換えられる。

- That video of those guys doing stupid pranks at work **went viral / blew up the internet**. （彼らのバイトテロの動画は炎上した）

ちなみにウェブサイトへのアクセスが急増してつながりにくくなったとき、「パンクした」と言うよね。これは、タイヤの「パンク」をイメージした表現だと思うけど、英語ではタイヤもサイトもパンクはしない！　タイヤのパンクはflat tire、サイトのパンクはcrashだ。

- I had a **flat tire** on the way to work yesterday and was late for an important meeting. （昨日、出勤途中にタイヤがパンクして、大事な会議に遅れた）
- When news of that band's lead singer's marriage broke, it **crashed** the band's website. （そのバンドのボーカルが結婚したニュースが報道されると、バンドのサイトがパンクした）

実際にサイトをパンクさせるほど動画や画像をバズらせた人に対しては、冗談っぽく Hey, you broke the internet! と言う。直訳

すると、「ねぇ、ネットを壊したでしょ！」だ。英語は面白いね。

○ ググる: google

　検索エンジンの「Google」にひらがなの「る」を付けて動詞化した言葉で、「検索する」と言う意味だね。英語でも、Google を動詞で使うか、look it up on the internet、do an internet search と言う。Google 以外の検索エンジンを使っても、"Google it!"（ググって！）と言うことが多い。

- If you don't know the answer, **Google** it! / **look** it **up on the internet** / **do an internet search**!（答えを知らないなら、ググって／検索して！）
- Never mind! I'll just **Google** it. / Don't worry about it! I'll **look** it **up on the internet**.（気にしないで！ググる／検索するから）

○ エゴサ: ego search

　自分の名前などを検索することを、「エゴサーチ」、略して「エゴサ」と言う。私はずっと和製英語だと思っていたけれど、驚いたことに、英語でも I did an ego search.（エゴサした）と言うのだ。ただし ego の発音は「エゴ」じゃなくて「イーゴ」だ。気を付けてね！

　ただ、do an ego search はちょっとマイナーな言い方で、「エゴサした」は一般的には次のように言うことが多い。

- I looked myself up on the internet.
- I Googled myself.

ここでまた告白しないといけないことがあります！　私も、たまにエゴサをします。たまにというか、毎日……。

⭕ ラグる：lag

次に「ラグる」について話そう。ネット環境が悪かったり、スマホの通信制限がかかったりすると通信速度が遅くなるよね。この現象を最近の言葉で「ラグる」と言う。通信が遅れている状態は「ラグい」、オンラインゲームなどでラグって他のプレイヤーに迷惑をかける人は「ラガー」だそうだ。この「ラグる」は、英語のlagから来ている。lagの意味は次の通り。

to move or make progress so slowly that you are behind other people or things:

LAG | meaning in the Cambridge English Dictionary
他の人や物事に遅れをとるほど、ゆっくり動いたり進んだりすること。

lagは、jet lag（時差ボケ）などを表すのによく使われる。

- I have terrible jet **lag** this time.（今回は時差ボケがひどい）
- He is **lagging** behind his classmates in math class.（彼は、数学の授業でクラスメートに遅れをとっている）

一方、lagには日本語の「ラグる」と似ている使い方もある。

If a computer or computer game lags, there is a delay between the user doing something and the computer or game reacting to it:

LAG | meaning in the Cambridge English Dictionary
コンピューターやコンピューターゲームがラグする場合、ユーザーが何かを行ってから、コンピューターやゲームがそれに反応するまでに、遅れが生じる。

この意味で使われるlagはスラングだ。例えば、I am a better player. You only beat me because of the **lag**.（私の方がプレイはうまい。ラグってたからあなたが勝っただけ）などと言う。

ネット通信が遅れることを普通に言いたい時は、以下のとおり。
- Geez, **my internet is** so **slow**! I wonder what's going on.（げっ、ネットの通信がバリ遅い！どうしたんやろう）
- **The internet is** so **slow** at my mom's house.（母の家では、ネット通信がめっちゃ遅い）

似たような表現に、「電波が悪い」がある。英語ではThe reception/connection is bad.と言う。スマホでよく電話する人には必須の英語だよね！

○ アプリ：app

おまけに、「アプリ」についても話そう。「アプリ」は英語のapplicationから来ていると知っている人は多いだろうけど、実は、英語ではapplicationとは言わず、appと言うことが多い。
- I just downloaded this new editing **app**. It's lit.（さっき、この新しい編集アプリをダウンロードした。これヤバい）
- She is always downloading the exact same **apps** as I do. It's so cringe.（彼女はいつも私と全く同じアプリをダウンロードする。めっちゃ引く）

この2つの例文には、超流行っている英語の若者言葉を入れてみた。気付いたかな？　私は前から日本の若者言葉に興味を持っていたけれど、最近は英語の若者言葉にも興味を持つようになった。学べば学ぶほど、毎日新しい発見だらけだ。

36 | K

-そこまで略してどうするの?-

　大学の教え子と話していて衝撃的な事実を知った。今の大学生は Facebook をほとんどやっていないんだって。Facebook はなぜこんなに長い文章を書くのか、不思議で仕方がないそうだ。若者は、長々書かなくてすむ LINE や X(旧Twitter)、または写真がメインの Instagram や Snapchat が好きなようだ。そして、どの国の若者にも「言葉を省略したがる」という共通点がある。ということで、最後となる今回は、英語圏の若者が SNS で使う「略語」についてだ。

⭕ lol (laughing out loud)

　一番有名な略語かもしれない。日本語の（笑）にあたる用語で、意味は「声を出して笑うこと」。私は数年間、lots of laughs の略だと勘違いして使ってた！lol。

- I'm eating ramen again for the fourth day straight. <u>lol</u>.（4日連続でラーメン食べてる（笑））
- My son accidentally wore two different shoes to school. <u>lol</u>.（息子が、うっかり左右違う靴を履いて学校に行った（笑））

⭕ tmi (too much information)

　誰かが必要以上の情報を提供してしまった時、「知らなくていい、むしろ、知らない方がいい」という時に使う。

A: I had a colonoscopy yesterday. The pretest laxative

really cleaned me out! （昨日大腸検査やった。検査前の下剤で本当にすっきりした！）

B: Oh my God. Stop. **tmi**. （うわあ。やめて。そこまで教えんでよかろう？）

⭕ smh (shaking my head)

左右に頭を振るという意味で、突拍子もないことをした人に対して、「あいつ、マジでそんなことしたの？」とあきれる様子を表す。

- I can't believe he did that. **smh**. （彼がそんなことをしたなんて。信じられない）

⭕ fomo (fear of missing out)

miss outは、「他の人が経験していることを自分はしていない」という意味だ。そしてmiss outを含むfomoは、誰かの投稿や写真を見た時、「あ、ヤバい！私だけ仲間外れだ！皆がやっている楽しいことを私だけしていない！」という、取り残されることへの恐怖を表す略語だ。

- I didn't feel well at all. But because of my **fomo**, I went to the party anyway. （調子が悪かったけど、楽しいことを見逃したくないから、とにかくパーティーに行った）
- I think he's having some serious **fomo**. （彼は深刻なfomoを抱えているようだ）

⭕ btw (by the way)

by the way（ところで）は中学校の英語の授業で習う言葉だけど、SNSではよくbtwと省略される。

- **btw**, I can't go to the party. （ところで、パーティーに行けない）
- **btw**, what are gonna do 2nite? （ところで、今夜、何をする？）

2niteはtonightのスラングだ。今どきはbtwがさらに進化してBTDubsと言う。Dubsはw（ダブルユー）の「ダブ」にsを付けた形だ。これって省略形？

○ ikr (I know, right ?)

これは、日本語で言うと、「それな」「そうやろう？」「確かに」という意味。誰かが言ったことに対して共感する時に使う。
A: It's crazy hot today. （今日はマジで暑い）
B: **ikr**. （それな）

○ tbh (to be honest)

「正直に言うと」という意味。これはよくSNSで見かける。
- I totally don't get it, **tbh**. （正直ぜんぜん理解できない）
A: Hey, you wanna go to the party with me? （ねぇ、一緒にパーティーに行かない？）
B: **tbh**, no. I'm super tired. （正直、行きたくない。ガチで疲れてる）

tbhがレベルアップするとtbbhになる。これは、to be brutally honestの略だ。brutallyは、「残酷に」という意味で、tbbrは、「残酷かもしれないけど、真実だよ！」ということだ。
A: Do you think there is a chance we will get together? （私たち、いずれ付き合えると思う？）

B: **tbbh**, no. Never gonna happen. （悪いけど、正直、絶対にないね）

○ lmk (let me know)

SNSではlmkと略す。let me knowは日常会話でもよく使うので、覚えておこう。「教えてね！」「知らせてね！」という意味で、例えば、OK, let me know if you can come.（分かった。来られるようなら教えて）のように使う。日本人はよく（×）Please tell me. と言うけれど、これはネイティブはあまり使わない。

- **lmk** by tomorrow OK? （明日までに**教えてくれる？**）
- Alright, **lmk** asap. （分かった、できるだけ早く教えて）　※asapは、as soon as possibleの略。日本語で言う「なるはや」だ。

○ omw (on my way)

「今、向かっているよ！」という意味。on my wayは、話し言葉でよく使う表現だけど、SNSではomwをこのように使う。

- I'll be there soon, **omw**. （すぐ行く。今向かってるよ）

A: When ru coming? （いつ着くと？）

B: omw. （向かってるよ）　※ruはare youのスラング的略語。

○ sfw / nsfw (safe for work / not safe for work)

sfw (safe for work)は、職場などの公的な場所で見ても大丈夫なウェブサイトや画像、動画のこと。そして、その反対はnsfw (not safe for work)で、職場で見るには注意が必要な内容、職場で見ているのがバレたら大変なことになりそうな内容を指す。

- This video is **sfw**.（この動画は職場で閲覧できる）
- It's **nsfw**.（これは職場閲覧注意だ）

○ idk (I don't know)

　私は日本に長く住みすぎたようで、「IDK」を初めて見た時、「1DK」と読み間違えたlol。idlの例文を見てみよう。
　A: You gonna go to the party?（パーティーに行くの？）
　B: **idk**, maybe.（分からん、たぶんね）

　A: Do you know who his crush is?（彼の好きな人が誰か知ってる？）
　B: **idk**, maybe Sarah.（分からんけど、サラさんかな）

○ ttyl (talk to you later)

　この記事を締めくくるのにふさわしい略語だ！ttylは、talk to you laterの略。日本語で言うと「じゃね、またね！」という感じ。
　A: Gotta go. Dinner's ready.（夜ご飯だから、もう行かなきゃ）
　B: Gotcha. **ttyl**.（分かった。じゃ、またね）

　A: Sorry, gotta run .（ごめん、もう行かなくっちゃ）
　B: K. **ttyl**.（分かった。じゃ、またね）
　Kは、OKの略だ。日本語で「了解しました」が「りょ」になって、さらに「り」になったように、英語でも、OkayがOKになって、さらにはKだけになった。つまりは、どんな国の若者でも省エネしたいということだ。

他にもたくさん！ SNSの略語一覧

略語	正式な表現	意味
ama	ask me anything	なんでも聞いて
gtr	got to run	行かなきゃ
ppl	people	人々、仲間、友達
thx	thanks	ありがとう
jk	just kidding	冗談だよ、マジじゃない
ootd	outfit of the day	今日のコーデ
nbd	no big deal	大したことないよ
fbo	Facebook official	Facebook公式。SNS上で交際状況を公開すること
irl	in real life	現実世界では／リア充
nvm	never mind	気にしないで／やっぱりいい
lmao	laughing my ass off	バリウケる！※下品と感じる人もいるので、使う時は注意。
rn	right now	今
tldnr	too long; did not read	テキストやメッセージが長すぎるから読んでいない
wya	Where you at?	どこいる？
ngl	not gonna lie	嘘つかないよ／マジだよ
ong	on god	嘘じゃないよ／マジだよ

日本にはないアメリカ人の夜の過ごし方

　私は子どもを産んだ後、日本とアメリカの文化の違いにたくさん気付かされた。まず、お母さんが赤ちゃんと一緒に寝ること。もちろん、アメリカにも添い寝をする家族はあるけれど、日本みたいに皆がやっているわけではない。

　そして、夫婦同士の呼び方。赤ちゃんが生まれるまでは「ひろし君」みたいに名前で呼び、赤ちゃんが生まれると、「パパ、おむつ取ってくれる?」という風に、呼び方を「パパ」「ママ」などに変える方が多いのでは?　日本では、赤ちゃんが家族の中心のようだ。

　一方、アメリカでは家族の中心は子供ではなくて夫婦だ。夫婦仲がいいことが子供の幸せだという考え方があり、子供が生まれても、夫婦の時間を確保する。単身赴任もないし、多くの夫婦はずっと一緒に同じ部屋で寝る。子供が生まれても、相手を下の名前か、愛称の Honey, Sweetie, Darling, Sweetie Pie, Baby などで呼ぶ。そして、里帰り出産というのもあまり聞かない。赤ちゃんが生まれる前も、生まれた後も、一緒にいるのが普通だ。

■ 日本にはない date night

　もう一つ、アメリカにあってあまり日本で見ないものは、date night だ。アメリカの多くの夫婦は、定期的に二人きりでデートに行くことを心掛けている。子供をおばあちゃんか、ベビーシッターに預けた後、二人でご飯を食べに行ったり、映画を見に行ったりする。こうした二人だけの時間は、結婚生活に欠かせないのだ。Tomorrow is date night, so my mom is watching the kids. (明日

はデートナイトだから、母が子供たちを見てくれる）のように言う。

　この話を日本人の友達にしたら、「ええ？すごい！私の母は夫と
デートに行くためになんて子供を見てくれん」とのこと。そこで彼
女たちの結婚10周年の記念日に、「子供は私が見ているから、旦那
さんと二人で出掛けて」と提案した。友達は旦那のことを「パパ」
と呼んでいたけれど、10年ぶりのデートから帰って、「てっちゃん」
と呼び方が変わっていて、超ウケた！

　で、肝心のdate nightは日本語でどう表したらいいか。たぶん
一番簡単なのは、そのまま外来語としてカタカナ表記することだ。
ただ「デートナイト」とカタカナで言っても、ほとんどの日本人は
あまり意味が分からないと思う。date nightが意味する・夫婦だけ
のイベントである・子供を預けて出掛ける・頻繁に、また意図的に
時間をつくる・夫婦がリフレッシュするためにある、ということが
伝わらない。単に「付き合っているカップルが夜に出掛けること」
と勘違いされるかもしれんバイ。

　この場合は、「明日の夜、夫と出掛けるので、母が子供を見てく
れる」とか、「明日の夜、子供を両親に預けて夫とご飯を食べに行
く」などと言えばいいと思う。言葉は、自分の言いたいことを相手
に伝え、コミュニケーションをとるためにある。カタカナ語がコ
ミュニケーションの妨げになるなら、相手に伝わる日本語（和語や
漢語）で説明したほうがいい。

■　無理してカタカナで言わなくてもいい

　date nightにちょっと似ている言葉として、movie nightと
game nightがある。こちらは、家族みんなでピザを食べながら一
緒に映画を見たり、アメリカ人がみんな大好き？なボードゲームや
カードゲームをしたりして過ごす夜を指す。基本、こうした「○○

night」の間は、子供は「友達と遊んだら駄目」、親は「家で仕事を したら駄目」という暗黙のルールがある。

　頻度や、何をするかは家庭によってさまざまだけど、週1回必ず 設けている、という家もある。こうした、家族だけでさまざまなこ とをして過ごす時間を、英語では「family time」と言う。例えば 日本では、たまたま皆が家にいる時に一緒にテレビを見たり、何か を食べに行ったりすることはあるけれど、アメリカほど「頻繁に、 意図的に」家族との時間をつくることはあまりしない。

　日本でfamily timeの話をすると、「ええ？子供は友達と遊びに 行きたがるでしょう？」と聞かれることがある。確かに、成長する につれてfamily timeをわずらわしいと思う子供はいるものだ。た だ意外と、高校生になってもfamily timeが好きという子供はい る。小さい時からこれが当たり前になっているのだ。

　もちろん、全てのアメリカの家族がdate nightやmovie night、 game nightを定期的にしているわけではない。わが家もそこまで 定期的にfamily timeは設けなかったけど、野球が大好きだったの で、baseball nightはあった（笑）。子供時代の一番の思い出は、 父と一緒に電波が悪いラジオで野球の実況中継を聞いたことだ。

　私は子育て中、意図的にfamily timeをつくるようにしていた。 一番好きだったのは、movie night。ポップコーン、チップス、ソ フトドリンクなどを準備して、皆で楽しくビデオを見た。こういう movie nightなら、「金曜日の夜、家で家族揃って映画をたくさん 見るんだ」とか、game nightなら、「毎週日曜日の夜、必ず家族で ボードゲームをするの」と説明するのがいい。

　「ムービーナイト」とカタカナで言うと、単に「夜、映画館に行 くこと」と思われるかも。「ゲームナイト」と言うと、「一人で夜に PCゲームをすること」と勘違いされるかもしれん（日本語で「ゲー ム」と言うと、PCやスマホ、ゲーム機を使ったゲームを指すけ

ど、英語ではボードゲームも含まれる)。

このように、カタカナで表現するのは簡単だけど、相手に伝わっているかどうかは、また別の問題なのだ。

■ あなたはどんなnightが好き?

ではちょっと復習しておこう。
- Tomorrow is **date night**, so we have hired a babysitter. (明日の夜は夫婦でデートなので、ベビーシッターを雇った)
- We are having **family game night** on Saturday, so don't make plans with your friends. (土曜日の夜は家族でゲームナイトだから、友達と計画を立てないで)
- We have **family movie night** every Sunday. (毎週日曜日の夜に家族で映画鑑賞をすることにしている)

告白しよう。私はアメリカ人のくせに、実はあまりgame nightが好きじゃない。子供の時からずっと、ボードゲームが好きじゃなかった。けど、movie nightは大好きです。ジャンクフードを食べながら映画を見るのは最高だ!

アメリカの意図的なfamily timeも、日本の「たまたまfamily time」でも、家族と時間を過ごせるなら、どんな形でもいいよね! あなたは、日本でも「デートナイト」や「ゲームナイト」があればいいと思う? 「デートナイト」は少しハードルが高いかもしれないけど、「ムービーナイト」を取り入れるのはいいかも。ああ、ポップコーンを食べたくなってきた……!

あとがき

　日本に来てから3つのターニングポイントがあった。一つ目は、「はじめに」にも書いたように、「いただきます」という言葉で摂食障害を克服した日。二つ目は、和製英語は実は英語じゃなくて便利な日本語だと気付いた日。そして、三つ目は、おばあちゃんから孫娘へのやさしい教えを歌った、植村花菜さんの「トイレの神様」に耳を傾けた日だ。

　以前の私は、自分が正しいと思い、上から物を言いがちで、物事の真意を理解しようとしなかった。「『いただきます』はLet's eat! で間違いない」と短絡的に考え、「和製英語は変な英語だ。日本人はちゃんと私の母語を使いなさい！」と思った。そして、題名だけを見て「日本のトイレには神様がおると？変なの」と思ってSNSに投稿した。

　なんでか？それは私が「英語のネイティブスピーカー」そして「キリスト教徒としてのアメリカ人」のレンズで日本語と日本文化を見ていたからだ。でもある時から、物事を日本のレンズを通して見ると、見えなかったものがはっきり見えるようになって、理解できなかったことが腑に落ちるようになった。おかげで毎日、新しい発見と気付きが、果てしなくある。少しは人間としても成長したような気がする。

　皆さんも英語を勉強している時、意識的に、英語のレンズを通して見ることを心掛けてみたらどうだろう。日本語のレンズのままだと、きっと誤解が起きる。でも、英語のレンズを通して見るというのは、英語ってこういうものなのだと鵜呑みにする、というのとも少し違う。あなたの目は日本人としての目、そこを捨てなくてもいい。二重のレンズになっているから、ネイティブが分からないことに気付き、ネイティブが見過ごしているところで引っ掛かり、それが理解できたときの喜びがある。

　この本を介して、英語のレンズを通して見ることを学び、英語が今までよりもはっきり、くっきり見えるようになったら、それは何よりも素晴らしいことだ。

Anne Crescini（アン・クレシーニ）

アン・クレシーニ（Anne Crescini）

アメリカ・バージニア州出身。1997年に初来日、2003年から福岡県在住、現在に至る。2023年に日本国籍を取得。北九州市立大学准教授（専門：言語学および日米文化比較研究）、日本語能力試験1級所持（2005）。西日本新聞連載中、RKBラジオ（カリメン）にレギュラー出演中。講演会講師、テレビ・ラジオコメンテーター、教師、ブロガーなどとして活躍。バイリンガルブログ「アンちゃんから見るニッポン」では、言語と文化について博多弁と英語で綴り、全国から反響を呼んでいる。著書に『教えて! 宮本さん 日本人が無意識に使う日本語が不思議すぎる!』（サンマーク出版）、『ペットボトルは英語じゃないって知っとうと!?』（ぴあ）、電子書籍に『バリバリウケる! ジャパングリッシュ』『この日本語バリバリ英語にしにくいバイ!』（アルク）他。

- X（旧Twitter）　@annecrescini
- ウェブサイト　https://annecrescini.jimdofree.com/

※本書はWebメディアENGLISH JOURNAL ONLINE (https://ej.alc.co.jp)の連載の一部を改編し、新たな内容を加えて書籍化したものです。同著者の「アルク ソクデジBOOKS」（電子書籍）の内容を一部含みます。

なぜ日本人はupsetを必ず誤訳するのか

発行日	2023年9月15日（初版） 2024年7月5日（第2刷）
著者	アン・クレシーニ
校正	Margaret Stalker／Peter Branscombe
編集協力	村上絵梨奈／挙市玲子
帯写真	玉置順子（t.cube）
デザイン （表紙・AD／本文デザイン）	小口翔平＋畑中茜＋嵩あかり（tobufune）
DTP	朝日メディアインターナショナル株式会社
印刷・製本	萩原印刷株式会社

発行者	天野智之
発行所	株式会社アルク 〒141-0001　東京都品川区北品川6-7-29 ガーデンシティ品川御殿山 Website：https://www.alc.co.jp/